von der christlichen Ethik her motivierten Widerspruchsgeist gegen alles Unrecht mundtot zu machen.

Statt den Durst nach Gerechtigkeit zu löschen, wurde ein sich frühzeitig ausbreitendes evangelisches Selbstbewußtsein gehätschelt, das von Selbstmitleid nur so trieft. Entsprechend diesem Selbstverständnis erleiden Mitglieder der christlichen Gemeinde Nachteile in Schule und Beruf, da sie sich religiös bekennen. Man fühlt sich kontrolliert von den Sicherheitsorganen des «atheistischen Weltanschauungsstaates». Die Wahrnehmung fremden Leidens ist diesem der bürokratischen Kirche komplementären Exklusiv-Bewußtsein längst abhanden gekommen. Wie sollte man sonst die Überbetonung gerade des christlichen Leidensweges im Staatssozialismus verstehen?

In der weinerlichen Selbstgerechtigkeit, die das «real existierende Christentum» heutzutage auszeichnet, schlägt aber unüberhörbar schlechtes Gewissen mit. Es ist das alte Gewissen des Christentums, das sich gegen die massive Inanspruchnahme von Privilegien durch kirchliche Würdenträger und die Teilnahme an der Lüge wehrt. Wer davon weiß, welche Bewegungs- und Aufenthaltsfreiheit die Kirche – und zwar seit dem 13. August! – für ihre Kader beansprucht, währenddessen die Gemeinde die allergrößten Beschränkungen hinnehmen muß, dem dämmert die Ahnung, daß diese Leute zum überwiegenden Teil wohl auch sonst nicht zu denen zu rechnen sind, die um ihrer Gerechtigkeit willen verfolgt werden. Wenn dem so ist, muß jede aufklärerische Bewegung natürlich erst recht fragen, welches Interesse die Partei- und Staatsführung an eben dieser Form von «Kirche im Sozialismus» hat?

Vorläufig wäre diese Frage mit dem Hinweis zu beant-

worten, daß die evangelische Landeskirche im deutschen Staatssozialismus das sicherste Bollwerk gegen jede wirklich religiös motivierte Erneuerungsbewegung mit radikalhumanistischem Anspruch ist. Schon aus diesem Grunde ist es verständlich, daß die Staatspartei ihren intellektuellen Studienkadern verbietet, den Klerus öffentlich bloßzustellen. Der Klerus revanchiert sich dafür, indem er Sorge trägt, daß die geistige Windstille nicht durch fundamentale theologische Entwürfe gestört wird, wie sie westlich der Elbe Küng, Moltmann, Sölle und Zahrnt vorgelegt haben. Kurzum: es ist naturgemäß keine andere bürokratische Organisation besser geeignet, den radikalen Humanismus der Bergpredigt als Orientierungsgröße praktischen Handelns zu relativieren als die Kirche selbst. Und genau das macht die «Kirche im Sozialismus» als Bündnispartner für die Partei- und Staatsmacht unersetzlich.

Damit die Kirche aber in dieser Aufgabe glaubwürdig bestehen kann, müssen notgedrungen die Funktionsbereiche für Politik und Religion immer wieder neu voneinander getrennt werden, sie müssen geradezu gegeneinander verselbständigt werden. Seit der Aufnahme offizieller Beziehungen zwischen Staat und Kirche ist klargestellt, daß die Staatspartei im Interesse der erfolgreichen Bearbeitung innenpolitischer Konflikte bereit ist, der bürokratischen Kirche langfristig eine herausragende Stellung unter den Organisationen einzuräumen. Hier, im Raum der Kirche, sollten sich nach den Vorstellungen des Staates die politisch opponierenden Kräfte in bestehende Strukturen eingliedern, die den Staat als solchen nicht in Frage stellen. Rückblickend kann man ohne Übertreibung die von Staat und Kirche damals ausgehandelten Kompromisse als *neue Strukturbildung* innerhalb des politischen Systems des Sozialismus verstehen, die es in der Folgezeit ermöglichte, die

wechselwirkend mit dem Helsinkiprozeß und den Moskauer Reformen im deutschen Staatssozialismus aufbrechenden Konflikte zu beherrschen. In ihrem Kern besteht die Funktion dieser Strukturänderung darin, die Komplexität der an sich möglich gewordenen politischen Verhaltensweisen der Menschen einzugrenzen.

Am Beispiel der DDR-Friedensbewegung kann man sich klarmachen, was das bedeutet. Die Gründung vieler Friedensgruppen war zunächst Ausdruck der begründeten Angst vor den in Ost und West erschreckend anwachsenden Rüstungskapazitäten. Diese Realangst war verbunden mit einem verstärkten Mißtrauen in die langfristige Wirksamkeit des weltweit dominierenden Konzepts gegenseitiger Abschreckung (Der Friede muß bewaffnet sein!), wie es auch die Staatspartei verkündete. Die in den Friedensgruppen sich allgemein durchsetzende Erkenntnis, daß es eben nicht die am Klassenkampfschema abgelesene Auseinandersetzung zwischen Imperialismus und Sozialismus ist, die alle bedroht, sondern hier wie dort das entfesselte System der Politökonomie als solches, ist insoweit mehr dem genannten Mißtrauen als der konkreten Analyse geschuldet. Sollte diese Einschätzung stimmen, dann hat sich von Anbeginn der Bewegung an in den Friedensgruppen ein Widerstandspotential versammelt, dessen eigentliche Stoßrichtung berechtigt gegen die «Verselbständigung» des politökonomischen Systems gerichtet ist. Wundern konnten sich über diese Stoßrichtung nur die Vertreter der bürokratischen Kirche. So heißt es z. B. in der Stellungnahme eines Kirchenvertreters zu einem in Schwerin veranstalteten Seminar: «Was mich am tiefsten betroffen machte, ist die für mich neue Erfahrung, wie wenig auf einer Tagung ‹Konkret für den Frieden› über den Weltfrieden geredet werden kann. Aber ist nicht der

Friede, um den es heute geht, primär Weltfriede!? Statt dessen diskutierten wir lange über negative Erfahrungen, die manche in unserer Gesellschaft und dem, was sie als deren Friedenspolitik sehen, gemacht haben...»[66]

Die Tatsache, daß die Religiosität der kirchlichen Friedensgruppen in den Augen der Oberen durchaus zu wünschen übrigläßt, ist ein deutliches Indiz für die tatsächliche Motivation der darin versammelten Menschen. Hinter dem Aufgreifen ökologischer Probleme angesichts des strukturell bedingten Vorrangs der Produktion materieller Güter, der Problematisierung des Leistungszwangs und der Menschenrechte im Sozialismus steckt wenigstens im Ansatz ebenso die Suche nach praktischen Möglichkeiten, das System der Politökonomie wieder unter menschliche Kontrolle zu bringen.

Dem hier versammelten Protestpotential hätte die Partei- und Staatsbürokratie von vornherein auf die Dauer nicht mit polizeistaatlichen Mitteln beikommen können. Das zeigen die gescheiterten Versuche, einzelne Mitglieder von Friedensgruppen in den Augen der breiten Öffentlichkeit als Klassen- oder Staatsfeinde abzustempeln. Das stillschweigende Angebot einer konfessionellen Integrationsbasis inklusive des weitgehend gesicherten Anspruchs auf Straffreiheit an alle diejenigen, die nicht länger an den verordneten Massenaufmärschen für den Frieden teilnehmen mochten, die aber dennoch nicht auf eigene Friedensarbeit verzichten wollten, war eine politisch weit gelungenere Lösung. Der rüde Schematismus, wonach ein jeder, der nicht mehr den offiziellen Reim nachplappern wollte, strafrechtlich als «Staatsfeind» behandelt wurde, konnte auf diese Weise modifiziert werden. Wer den parteibürokratisch gesteuerten Politrummel nicht mitmachen will, der hat damit die Gelegenheit, «alternativ» zu sein – im

genau vorgegebenen Rahmen der evangelischen Landeskirche. Wo dieser Rahmen nicht eingehalten wird, da
kommt es nach wie vor zum Konflikt mit der Staatsmacht.

Bilanzieren wir heute das Ergebnis der unterschiedlichen Protestformen, die unter «dem Dach der Kirche»
angesiedelt sind, ein Ergebnis, das ohne westliche Medien-
verstärkung gar nicht zu hören gewesen wäre, so erweist
sich die geringe gesellschaftliche Wirksamkeit dieses
Protestes – jedenfalls wenn man seine Ergebnisse mit den
Erfolgen der in den sozialistischen Nachbarländern entstandenen Bewegungen vergleicht – als der gemeinsame
Nenner aller dieser Formen.

Beide Seiten, der Staat und die Kirchen, haben aus
dieser *ordnungspolitischen Arbeitsteilung* nicht unerheblichen
Gewinn gezogen. Was die evangelischen Landeskirchen
betrifft, so wurde deren fortgesetzter natürlicher Mitglie-
derschwund und die Vergreisung der Kirchengemeinden
dadurch optisch entdramatisiert, daß wieder Teile der Jugend die Kirchenbänke bevölkerten. Das In-die-Kirche-
Gehen war nun nicht mehr allein die Sache der Alten,
wenn nicht gar der ältesten Generation. Durch die Jugendlichen, die in die Kirche kamen, entwickelte sich nun wieder so etwas wie ein Gefühl der Perspektive, das beinahe
schon verlorengegangen war. Getrübt wurde dieses Gefühl
lediglich durch die ernüchternde Erkenntnis, daß die
Schüler, Lehrlinge, Studenten und jungen Arbeiter, die
den Gemeindebestand vergrößerten, in der Mehrzahl gar
nicht aus religiösen Gründen in die Kirche kamen. Viele
der Jugendlichen versuchten auf diese Weise, der Schema-
tisierung ihres Freizeitverhaltens zu entgehen. Für sie war
die Kirche mit ihrer tradierten Symbolik und Architektur
und der überlieferten Redeweise ihrer Amtsträger die
Anti-Institution schlechthin zum System des Sozialismus.

Das Ergebnis ist: Unter dem «Dach der Kirche» wird pausenlos politisiert, währenddessen im Gegenzug dazu der Staat in allen möglichen säkularisierten Formen die Religiosität der Menschen bedient. Im Hinblick auf die erkennbar wachsende innere Not vieler Menschen in einer spirituell verödeten Welt des Sozialismus ist das durchaus ein zwiespältiges Ergebnis. Denn die stille Sehnsucht der Jugend nach Erwachen in einem höheren Zustand will ja befriedigt werden. Noch in der Besessenheit der alle Rekorde brechenden sozialistischen Athleten zeigt sich diese Sehnsucht. Hier, in den großen Sportarenen, sucht die Jugend mit einer geradezu selbstzerstörerischen Konsequenz im Bereich des Körperlichen nach dem, was ihr heute aus keiner geistigen Welt mehr zuströmt.

Daß die Kirche bereit ist, die ihr übertragenen ordnungspolitischen Aufgaben konsequent zu erfüllen, ist spätestens seit dem 13. 2. 1982 klargeworden. Damals hatten junge Menschen einen Friedensmarsch anläßlich des Jahrestages der Zerstörung von Dresden vorbereitet, ohne zuvor die Genehmigung der Staats- oder Kirchenbürokratie hierfür einzuholen. Die innenpolitische Bedeutung dieser Aktion lag zweifellos weniger in der Kundgebung jugendlichen Friedenswillens als mehr in der Tatsache begründet, daß die jungen Menschen damals ihren Auszug aus dem Kirchenghetto proben wollten. Tausende Menschen waren angereist und willens, diese für das gesamtgesellschaftliche Bewußtsein in ihrer Bedeutung gar nicht zu überschätzende Aktion mitzutragen. Alles war vorbereitet. Die Flugblätter waren längst verteilt. Nur eines hatten die überwiegend christlichen Organisatoren der geplanten Aktion übersehen – die ordnungspolitische Arbeitsteilung zwischen Staat und Kirche. Kirchenmänner waren es dann auch, die die Jugendlichen in die Kreuzkirche führ-

ten, um sie dort einem bischöflichen Palaver auszusetzen, welches nur den einen Sinn hatte, den Jugendlichen ihren Mut zu nehmen. Der eigentliche Zweck der geplanten alternativen Aktion, die einen Lernprozeß hätte auslösen können, wie ihn die DDR bis dahin nicht erlebt hatte, wurde durch die bischöfliche Intervention verballhornt. Darüber können auch die Erklärungen nicht hinwegtäuschen, mit denen die beamteten Kirchensprecher bis heute das beschwichtigende Palaver ihrer Bischöfe rechtfertigen wollen. Wie es heißt, wollte man in bester Absicht und verantwortungsbewußt einer Konfrontation zwischen Sicherheitsapparat und Jugendlichen vorbeugen.

An der von Kirchenvertretern immer wieder vorgetragenen Rechtfertigung des bischöflichen Handelns sind nur die Teile der Erklärung annehmbar, in denen direkt die ordnungspolitische Funktion der Kirche eingestanden wird. In Wahrheit konnte es sich nämlich die Staatspartei Anfang der achtziger Jahre schon gar nicht mehr leisten, Tausende junger Menschen allein deshalb zu verhaften, weil diese an einem Schweigemarsch für den Frieden teilnehmen wollten. Es dürfte in diesem Zusammenhang kein Zufall gewesen sein, daß zur selben Zeit, als in der Dresdner Kreuzkirche die von den Bischöfen genarrten Jugendlichen ihrer Enttäuschung lautstark Ausdruck verliehen, die Kirchenleitung von Berlin-Brandenburg «nachdrücklich von einer Beteiligung an der Sammlung von Unterschriften» für den «Berliner Appell» abriet. Die Berlin-Brandenburger Kirche war in der Folgezeit dann auch die Kirche, die in der rigidesten Art und Weise die ihr übertragene ordnungspolitische Aufgabe erfüllte. Sie instruierte schriftlich noch die letzte Gemeindeleitung in ihrem Sprengel, den entstandenen Gruppen dann ihre Unterstützung zu entziehen, sobald diese sich nicht mehr an den

vorgegebenen Handlungsrahmen halten wollten (nachzulesen in der kirchenamtlichen «Orientierung für die Arbeit mit Gruppen, die die Kirche durch ihre besondere Thematik herausfordern»).

In den letzten Jahren beginnt sich die Situation jedoch zu ändern: Entstanden sind erste autonome Gruppen, die sich bewußt der kirchlichen Vormundschaft entziehen und auf das «Dach der Kirche» in ihrer politischen Arbeit verzichten. Über eine größere Basis innerhalb der evangelischen Landeskirchen verfügen sie kaum, doch ihre Bedeutung kann auch gar nicht in der großen Zahl liegen; sie liegt in der sozialen und geistigen Offenheit, für die sie einstehen. Sie, die aus dem Kirchenghetto herausgekommenen Gruppen, sind die zukünftigen Keimzellen für eine politische Reformation des Sozialismus. Diese selbstbestimmten Gruppen sind, wenn ich recht sehe, neben der bevorstehenden Reform der Staatspartei an Haupt und Gliedern, die eigentliche Hoffnung für eine kulturelle Erneuerung des Sozialismus.

Die Entstehung und Entwicklung autonomer Gruppen zeigt seit Mitte der achtziger Jahre Rückwirkungen bis in die «Kirche im Sozialismus» hinein. Schon die Vorstellung, daß Menschen der Kirche mit der mehr oder weniger offen erklärten Begründung, sie fühlten sich unter dem «Dach Kirche» politisch bevormundet, den Rücken kehrten, mußte das sich gerade erst wieder festigende Selbstbewußtsein der klerikalen Bürokratie verunsichern. Es zeigte sich damit schließlich, wie zweifelhaft der von vielen kirchlichen Amtsträgern unverhohlen zur Schau getragene Stolz darauf war, daß die «Kirche im Sozialismus» als einzige gesellschaftliche Großorganisation einen halbwegs öffentlichen Raum für die freie Diskussion der anstehenden Umwelt-, Menschenrechts- und Friedensfragen gewährte.

Und, was unter diesen Umständen viel wichtiger war: Es blitzte erstmals die Erkenntnis auf, es komme vielleicht der Staatspartei und ihrem Geheimdienst gar nicht ungelegen, wenn sich die anwachsenden Kräfte des Widerstands in die kirchlichen Strukturen eingliedern würden.

Seit dieser Zeit ist ein besonders von Laien vorangetriebener Erkenntnisprozeß in Gang gekommen, der sich nicht nur in den mutigen Verlautbarungen großer synodaler Versammlungen, sondern ebenso in mancher örtlichen Gemeinde artikulierte und der die Kirchenoberen unter einen nicht unerheblichen Erwartungsdruck stellte. Auch die erkennbare Sympathie der meisten Gemeindemitglieder für die in Moskau begonnenen Reformen sowie die Entstehung der «Kirche von unten» trugen dazu bei, den Konservativismus der Kirchenführer zu lockern. Angesichts dieser Entwicklungen im kirchlichen Innenraum weigerten sich im Zusammenhang mit den nach der Luxemburg-Liebknecht-Demonstration im Januar 1988 stattfindenden Auseinandersetzungen prominente Kirchenführer erstmalig demonstrativ, ihre ordnungspolitischen Aufgaben zu erfüllen – während allerdings andere zur selben Zeit den bedrängten Staatsorganen mit Rat und Tat zu Hilfe eilten, um den sozialen Protest in Grenzen zu halten. In einem Fürbittgottesdienst für inhaftierte Bürgerrechtler ließ der Berliner Bischof seiner Empörung über die polizeistaatlichen Methoden der Konfliktlösung ungehemmt freien Lauf. Annähernd zeitgleich beteuerte sein Superindentent vor westlichen Fernsehkameras das «Grundvertrauen» der «Kirche im Sozialismus» zum Staat. Ungebrochen setzte er seine Hoffnungen darein, daß weiterhin Übereinkünfte mit der Politbürokratie möglich seien. Die wurden dann ja auch bald getroffen.

Wohlgemerkt, es geht an dieser Stelle nicht um die Kom-

mentierung des politischen «Kuhhandels», der mit Hilfe der evangelischen Kirche damals abgeschlossen wurde. Der Rückblick auf die Januarereignisse soll zeigen, wie gespalten die bürokratische Fraktion innerhalb der Kirche inzwischen ist. Einem solchen Spaltungsprozeß kommt größte Bedeutung zu, weil er die Instrumentalisierung der «Kirche im Sozialismus» zugunsten der Staatspartei relativiert.

Hat damit bereits die Erneuerung unserer Kirche aus dem Geiste begonnen? Das darf trotz der anwachsenden Laienaktivitäten immer noch bezweifelt werden. Ob es zukünftig dazu kommt, ist gewiß davon abhängig, wie es den Laien gelingt, ihr eigenes vormundschaftliches Bewußtsein zu wandeln, das selbst noch nach den erlittenen Enttäuschungen weiter daran glauben will, die Erneuerung der Kirche hinge in erster Linie davon ab, daß die bestellten Vormünder ihren Sinn ändern. In Wahrheit bedarf es ebensosehr des Bewußtseinswandels seitens der Bevormundeten, die mündig werden sollen. Denn nur auf diese Weise kann «Basis für Mündigkeit» in der Kirche wachsen. Aufs Ganze gesehen heißt das, im kirchlichen und persönlichen Bereich muß die in einer Jahrhunderte währenden staatskirchlichen Vergangenheit entstandene unbiblische Servilität gegenüber der Macht überwunden werden. Sobald das geschieht, wird es auch mit der weitgehend unbemerkten ideologischen Arbeitsteilung zwischen der Staatspartei und der evangelischen Landeskirche ein Ende haben.

Staat und Religion

«...wo Hoffnung ist, ist auch Religion»

Ernst Bloch

«Meiner Meinung nach ist die Religion aus sich heraus vom politischen Standpunkt kein Opium und keine Wundermedizin. Sie kann in dem Maße Opium oder Wundermedizin sein, wie sie, in Abhängigkeit von der Form, in der sich der Mensch ...den politischen, sozialen oder materiellen Problemen stellt, die Unterdrücker und Ausbeuter oder die Unterdrückten und Ausgebeuteten verteidigt.»

Fidel Castro

Nicht ganz so klar umrissen wie die ordnungspolitische Funktion der Kirche im Sozialismus ist der ihr übertragene ideologische Auftrag. Staatspartei und Landeskirchen versichern sich gegenseitig ihre Rechtgläubigkeit, indem sie immer wieder von den «nicht überbrückbaren weltanschaulichen Gegensätzen zwischen Christen und Marxisten» reden. «Auf diesem Hintergrund», so lautet die in der Kirche festgelegte Generallinie, die wörtlich in jedes Programm der Staatspartei übernommen werden könnte, «ist das Gespräch zwischen Christen und Marxisten zu führen. Dabei gilt, daß eine Vermischung von christlichen und marxistischen Positionen weder denkbar noch wünschenswert ist. Es gibt Grundunterschiede, über die zu diskutieren wenig Sinn hat, die vielmehr als gegeben bei jedem Gespräch vorausgesetzt werden müssen.»[67]

Mit dieser sehr simplifizierenden ideologischen Frontbegradigung werden die seit jeher vorhandenen unterirdischen Beziehungen zwischen Christentum und Mar-

xismus gewiß nicht abgebrochen. Es werden aber mit ideologischen Manöverübungen dieser Art die Borniertheiten der jeweiligen Kirchen- oder Staatspartei zynisch verstärkt: Marxismus ist dann das, was die Staatspartei sagt, und Lehre Gottes, was die staatsfrommen Landeskirchen verkünden. Auf diese Weise verhindert man mit vereinten Kräften den für den Staatssozialismus lebenswichtigen Dialog zwischen Christen und Marxisten. Keiner führt die Schäfchen des anderen in Versuchung. Angesichts einer derartigen Befestigung des Bestehenden kommt eine Meinungsäußerung wie die Fidel Castros, der im Gespräch mit dem Dominikanerpriester und namhaften Befreiungstheologen Alberto Libanio gesagt hat, «daß man ein Marxist sein kann, ohne aufzuhören, ein Christ zu sein», ebenso ungelegen wie die ganze Theologie der Befreiung.

Man könnte den letzten Zweck der ideologischen Arbeitsteilung zwischen Staatspartei und «Kirche im Sozialismus» auch in folgendem sehen: Mit ihr soll die unter Christen wie Marxisten gleichermaßen verbreitete Sehnsucht nach dem geheimen, bisher nirgendwo öffentlich verkörperten «ganzen» Menschen, der zugleich der gerechte und zukünftige ist, ein für allemal unterdrückt werden. Der «ganzheitliche» Mensch! In unterschiedlichsten Formen wird er herbeigebetet; über ihn wird endlos spekuliert; in Wahrheit aber ist er für den Klerus genauso wie für die Parteibürokratie die schlechthin unerwünschte Person. Denn der ganzheitliche Mensch wird die überkommenen monströsen Organisationen nicht mehr benötigen, da er zugleich der mündige Mensch sein wird. Für ihn gilt die «imitatio» Christi und nicht stupide Linientreue, gleichgültig ob die sich auf die Bibel oder das kommunistische Manifest beruft.

Wer das einmal begriffen hat, kann nicht mehr den Ehrgeiz entwickeln, die Menschen jemals wieder für ein bürokratisches Kirchentum – das gegenwärtig durch den allgemeinen Kreditverlust der Partei seine Konjunktur erlebt – zu gewinnen. Für den Marxisten heißt das aber ebenfalls, daß er nicht mehr nur die alten Schlachten gegen die Religion als ideologisches Opium für das Volk wiederholt, sondern mit seinen Mitteln daran teilhat, auf dem Boden einer erneuerten Metaphysik den intellektuellen Klassenkampf mit einem geistigen Friedensbund zu überwinden. Politischer Rahmen für einen derartigen Friedensbund kann der «atheistische Staat, der *demokratische* Staat» sein. Für Marx ist allein dieser Staat, wie er sagt, «der vollendete christliche Staat» [68]. Im Gegensatz dazu ist ein Staat, der sich auf eine Ersatzreligion beruft und der zugleich die bürokratische Kirche benutzt, um mit ihrer Hilfe die geistige Erneuerung seiner menschlichen Grundlage zu unterbinden, seinem Wesen nach ganz sicher weder atheistisch noch christlich.

Was wir benötigen, das ist ein Atheismus, der nichts weiter ist als «die *politische* Weise, sich von der Religion zu emanzipieren», denn ein solcher Atheismus ist die beste Voraussetzung für die kommende Erneuerung des Glaubens in Freiheit. Ein solcher Atheismus wurde seit Marx in der deutschen Linken als die zeitgemäße äußere Form begriffen, in welcher die Religion leben soll. Insoweit ist es durchaus keine dialektische Spitzfindigkeit, wenn Marx gerade den atheistischen Staat als die politische Rahmenbedingung hervorhebt, in der allein die geistige Welt der Religion sich entfalten kann, ohne mit dem Sinnlichen und Realen eine unheilige Allianz eingehen zu müssen.

Der Durchbruch zu einem Christentum mit wahrhaft universalreligiöser Bedeutung, zu einem Christentum

also, das im Bewußtsein «des religiösen Gegensatzes und der religiösen Mannigfaltigkeit» schwelgt, führt nach Marx unweigerlich durch das Stadium der Zersetzung des Menschen «in den religiösen Menschen und in den Staatsbürger» hindurch. Nicht die politische Entmachtung der Kirchenbürokratie ist deshalb problematisch, bedenklich ist die weitere Beteiligung der «Kirche im Sozialismus» an der Machtausübung. Denn überall dort, wo die Macht des Klerus in der alten Form erhalten bleibt, wird die natürliche Religiosität der Menschen verwaltet und zur Konfession kodifiziert. Damit aber wird die Entwicklung persönlicher Gottesbeziehungen und die direkte Auseinandersetzung der Menschen mit einem extramundanen Prinzip aufgeschoben. Nur auf diesem Wege könnte aber der einseitige Determinismus der materiellen Verhältnisse überwunden werden.

Nicht daß die «Kirche im Sozialismus» die unmittelbare Zwiesprache der Seele mit dem ewigen Worte unterbinden könnte. Das kann sie gewiß nicht. Aber sie kann wie keine andere Institution in der sozialistischen Gesellschaft Religionsersatz bereitstellen. Und genau das passiert in dem Umfang, wie die Kirchen weiterhin geistlos kollektive Gottesvorstellungen überliefern, die durch keinerlei innere Erfahrungen mehr gestützt sind. Religion wird so zum Bestandteil eines billig zu habenden kulturellen Sortiments. Was die Entwicklung des Protestantismus angeht, so hat dieser gewiß nicht nur im deutschen Staatssozialismus zu Verhältnissen beigetragen, in denen der Mensch sich von seiner natürlichen Religiosität entfremdet hat und sich gedrängt sieht, seine tiefsten Wahrheiten losgelöst von sich selbst zu suchen. Aber auch für den Staatssozialismus und seine protestantische «Kirche im Sozialismus» gilt, was C. G. Jung 1952 gesagt hat. Der

«protestantische Standpunkt», meinte dieser, «…hat offenbar die Fühlung mit den gewaltigen archetypischen Entwicklungen in der Seele des einzelnen wie der Masse und mit jenen Symbolen… verloren. Er scheint einem rationalistischen Historizismus verfallen zu sein und das Verständnis für den Heiligen Geist, der im Verborgenen der Seele wirkt, eingebüßt zu haben. Er kann daher eine weitere Offenbarung des göttlichen Dramas weder begreifen noch zugeben.»[69]

Anstatt mit sich und aus sich selbst heraus ihre Religiosität zu leben, stopfen nicht wenige Menschen weiterhin das in sich hinein, was ihnen protestantische Pastoren in ihrer «Kirche im Sozialismus» als Religion verkaufen. Sicher, ohne eine solche Abwehr ihrer eigenen Religiosität wären diese Menschen gezwungen, sich selber Rechenschaft über die Begründung ihres Glaubens abzulegen. Nicht der Glaube als solcher ist ja die eigentliche religiöse Erfahrung. Machen wir uns nicht oftmals genau das aber vor? Wirklicher Glaube beruht jedoch letztlich stets darauf, daß dem Gläubigen zuvor etwas widerfahren ist, was später seinen Glauben rechtfertigt. Wie sonst sollte sich der Glaube von jedem anderen Fürwahrhalten unterscheiden? «Die Forcierung des Herzens», hat Rilke einmal gesagt, «das oder jenes für wahr zu halten, die man gewöhnlich Glauben nennt, hat keinen Sinn. Erst muß man Gott irgendwo finden, ihn erfahren als so unendlich, so überaus, so ungeheuer vorhanden – dann sei's Furcht, sei's Staunen, sei's Atemlosigkeit, sei's am Ende – Liebe, was man dann zu ihm faßt, darauf kommt es kaum noch an…»[70] Alle großen Lebemeister wußten das! Augustinus gar wollte gleich den ganzen Erkenntnisfortschritt darauf gründen, daß wir allmählich erkennen, woran wir glauben. Und Meister Eckehart lehrte, ernstlicher Glaube sei

weit mehr als ein dumpfes Wähnen der Menschen. Für ihn stand die Erkenntnis des gemeinhin Unsichtbaren in demselben Verhältnis zum Glauben, wie die Vorbereitung und der Versuch einer Tat zueinander stehen. Hat der Glaube nichts mehr vom Schauen an sich, geht er nicht mehr ernsthaft auf die Erkenntnis höherer Welten.

Solange der reine Wissenschaftsglaube vorherrscht, sind es wenige, die ihre übersinnlichen Erkenntniskräfte ebenso gründlich wie ihre Verstandesfähigkeiten praktisch ausbilden. Auf diesen wenigen lastet die ganze Verantwortung dafür, daß die Botschaft von einer höheren Welt unmittelbar durch übersinnliches Wissen empfangen werden kann. Diese Nachfolger der alten Eingeweihten sind die berufenen Seelenführer aller schöpferischen Kräfte. Mit ihrer Hilfe wird es möglich sein, den Grundstein für ein wirklich universalistisches Bewußtsein zu legen, welches von den Borniertheiten der gegebenen Bewußtseinsformen frei ist. Für ein solches neues Bewußtsein wird die Identität von Liebe und Erkennen konstitutiv sein.

Ebenso bedarf es einer Neuordnung des Systems kultureller Meinungen, die das metaphysische Heilswissen in ein anderes Verhältnis versetzt zum positivistischen Fachwissen und traditionellen Bildungswissen. Längerfristig müßte sich der Schwerpunkt des menschlichen Verhaltens vom aktivischen Aspekt im Sichverhalten zum eigenen Sein hin zum passivischen Aspekt verlagern. Denn das «Schauen im göttlichen Licht» und das «Hören des Unbewußten» setzen, wie wir wissen, Stille und die für jede metaphysische Erkenntnis notwendige Grundeinstellung der Gelassenheit im Äußeren voraus. Wenigstens zeitweilig muß der Mensch, wie es Meister Eckehart ausdrückt, «gar tot sein und nicht mehr bei sich selber», damit er das erfährt, was wir die Erkenntnis höherer Welten nennen.

Mystisches Erleben für sich genommen ist allerdings noch keine Erkenntnis. Zwar sieht sich der Myste mit jedem Erleben vor die Frage gestellt, wie er das, was ihm widerfahren ist, für sich bewertet. Damit ist aber noch kein Wandel des menschlichen Wesens und Handelns zum Besseren garantiert. Man kann mystisches Erleben wie jede andere Erfahrung auch bedeutungsmäßig abwerten, falsch einschätzen usw. Gewöhnlich geschieht das dadurch, daß man von Sinnestäuschungen spricht oder das eigene Erleben als Phantasterei herabsetzt (ohne sich allerdings Rechenschaft darüber abzulegen, was man damit überhaupt sagt!). Wer die Hervorbringung des kollektiven Unbewußten für sich aber in dieser Form nicht abwehrt, der wird sich meist auf geheimnisvolle Weise dessen bewußt, daß er auf dem Wege zu jenem Deus interior ist, von dem die Mystiker aller Zeiten, Kulturen und Kontinente berichten: jener göttlichen Wesenheit, die tiefinnerlich in uns ruht, beruhigender und liebender als alles, was wir sonst erleben.

Das überzeugendste Beispiel dafür, wie solcherlei Erleben auch politisch zu Buche schlagen kann, ist und bleibt wohl die Bekehrung des Christenverfolgers Saulus, der zu Paulus wird. Unterwegs nach Damaskus, um von dort, wie geschrieben steht, Anhänger der neuen Lehre, wenn er sie dort fände, gebunden nach Jerusalem zu führen, ist es um Saulus geschehen. Zu Boden gefallen, und zwar nicht etwa weil ihm Christus Jesus erschienen ist, wie manchmal behauptet wird, sondern da «ihn plötzlich ein Licht umleuchtete», bekam er die göttlichen Worte zu hören: «Saul, Saul, was verfolgst du mich?» In dieser Situation ist Saulus zu einer inneren Weiterung bereit, die der ganzen Wucht dieses Erlebnisses entspricht. Und er «kehrt um»!

Über die Zeiten und die politischen Systemgrenzen hin-

weg hat das Beispiel des Paulus Menschen zur Umkehr ermutigt. Und es hat daran erinnert, daß Jesu Mahnung «Wandelt euch!» nicht allein bei den Geschlagenen und Entrechteten Gehör findet.

Marxismus und Metaphysik

> *«Die Fantasie setzt die künftige Welt entweder in die Höhe oder in die Tiefe oder in der Metempsychose zu uns. Wir träumen von Reisen durch das Weltall: ist denn das Weltall nicht in uns? Die Tiefen unsers Geistes kennen wir nicht. – Nach innen geht der geheimnisvolle Weg. In uns oder nirgends ist die Ewigkeit mit ihren Welten, die Vergangenheit und Zukunft. Die Außenwelt ist die Schattenwelt, sie wirft ihren Schatten in das Lichtreich. Jetzt scheint es uns freilich innerlich so dunkel, einsam, gestaltlos, aber wie ganz anders wird es uns dünken, wenn diese Verfinsterung vorbei und der Schattenkörper hinweggerückt ist. Wir werden mehr genießen als je, denn unser Geist hat entbehrt.»*
>
> *Novalis: Blütenstaub*

Mit seinem Aufsatz «Über das Programm der kommenen Philosophie» hat Walter Benjamin die erste fundamentale Wegweisung für eine zukünftige Aussöhnung des Marxismus mit der Religion gegeben. «Die Philosophie beruht darauf», so lautet im Kern die Botschaft Benjamins, «daß in der Struktur der Erkenntnis die der Erfahrung liegt und aus ihr zu entfalten ist. Diese Erfahrung umfaßt denn auch die Religion, nämlich als die wahre, wobei weder Gott noch Mensch Objekt oder Subjekt der Erfahrung ist, wohl aber diese Erfahrung auf der reinen Erkenntnis beruht, als

deren Inbegriff allein die Philosophie Gott denken kann und muß. Es ist die Aufgabe der kommenden Erkenntnistheorie, für die Erkenntnis die Sphäre totaler Neutralität in bezug auf die Begriffe Objekt und Subjekt zu finden, mit anderen Worten, die autonome ureigene Sphäre der Erkenntnis auszumitteln...»[71]

Der von Benjamin verwandte Begriff der Erkenntnis ist, kantisch gesprochen, transzendental! Das Prinzip wirklichen Wissens ist danach der Geist, der in ewiger Gegenwart webend sich seiner selbst bewußt wird. Es ist dies der Geist, der nicht mehr in den Gegensatz des Subjekts zum Objekt verwickelt ist und von dem es in den «Upanishaden» heißt:

Was eben zweifach hier erscheint
Als wahrnehmbar und Wahrnehmer,
Ist doch des Geistes Zucken nur,
Der Geist hat keinen Gegenstand,
Und er ist wahrlich ewiglich.
‹Nichts haftet an ihm›, lehrt die Schrift.

Mit der beabsichtigten Reinigung der Erkenntnislehre will Benjamin aber nicht nur einen bestimmten Begriff der Erkenntnis hervorheben und, darauf wiederum bauend, das ableiten, was Erfahrung ist, ohne daß Erfahrung und Erkenntnis weiterhin allein auf das empirische Bewußtsein bezogen werden müßten. Zugleich soll damit der «logische Ort und die logische Möglichkeit der Metaphysik» abgesteckt werden. Philosophisch ist das die grundlegende Weichenstellung im Zentrum des Marxismus, die diesen aus seiner Abwehr der Spiritualität erlösen könnte. Und, was mindestens ebenso bemerkenswert wäre, damit würde sich der Marxismus im Verein mit der Avantgarde der modernen Physiker, und zwar durchaus in Fortführung abend-

ländischer Denkweisen, auf eigene Art dem östlichen Denken nähern. In ein Weltbild der politischen Agitation und Propaganda gehört freilich eine solche Einstellung nicht hinein. Denn mit der vulgären Vorstellung, wonach der letzte Grund aller Erfahrung und damit auch des Wissens die «objektive Realität» sei, welche die Menschen in ihrer gegenständlichen Tätigkeit täglich erleben, geht der Begriff der Erkenntnis, den Walter Benjamin meint, nicht mehr zusammen. Immerhin wird ohne Umschweife gesagt: Wir sehen das, was wir wissen. Streng genommen war es ja ohnehin niemals die Verallgemeinerung von Erfahrungstatsachen, die weitergeführt hat. Zwar kann solcherlei Tun schon einmal in die Formulierung von Prinzipien und Gesetzen einmünden; das Wesen der Dinge braucht es deshalb nicht zu berühren. Wesentlich weiter führen Schöpfungsakte, in die der Mensch sich selbst als Person mit einbringt. Die Erkenntnis, die dabei aufblitzt, ist Ergebnis des Durchbrechens verwirrender Selbsttäuschungen, Ergebnis eines Niederbrennens aller Verworrenheit, die den Menschen am Enthüllen des erweckten Geistes hindert, kurz, sie ist das, was man Erleuchtung nennt.

Geist ist das, was weiß. Es gibt nicht «Wissende», sondern alles ist «selbst wissend». Planiert man so die gewohnte Unterscheidung zwischen dem Wissenden (Subjekt) und dem Gewußten (Objekt), dann ist es natürlich falsch, wenn der Mensch weiterhin von sich allein behauptet, er sei es, der denkt! Richtiger ist es da schon zu sagen: «Es denkt», so wie man sagt: «Es friert», «Es ist hell», oder, wie der Physiker feststellt: «Es ist ein elektrisches Feld im Raum.»! Gedächtnis und Erinnerungsvermögen sind zufolge dieses Erkenntnisbegriffs in allem, was ist, in der sogenannten unbelebten Materie ebenso wie im Pflanzen-

und Tierreich oder in der Welt des Menschen, wenngleich in unterschiedlichsten Formbestimmungen.

Mit einer solchen erkenntnismäßigen Einstellung befinden wir uns durchaus in bester Gesellschaft. Innerhalb der abendländischen Philosophie war es die Gnosis, die als mystische Geistesrichtung im 1. und 2. Jahrhundert n. Chr. den Gedanken einer *Beseelung aller Materie* mit aller wünschenswerten Klarheit durchdachte. Etwa 1970 haben Physiker in Princeton und Pasadena wieder den Gedanken einer unteilbaren Einheit zwischen dem Geist und den Phänomenen aufgegriffen. Und vor kurzem hat nun Jean E. Charon seine komplexe Relativitätstheorie vorgestellt, die in Weiterführung des gnostischen Denkens und der Einsteinschen Allgemeinen Relativitätstheorie ein neues Strukturmodell der Teilchen gebraucht. Danach besitzt jedes einzelne Teilchen, aus denen die Materie, aber auch das ganze Universum besteht, sein eigenes Erinnerungsvermögen. «Im Klartext heißt das nichts anderes», schreibt Charon, «als daß jedes einzelne Materieteilchen zu einem Verhalten befähigt ist, das sehr wohl vergleichbar ist mit dem Verhalten der *Lebewesen* – uns Menschen inbegriffen –, die ja ebenfalls ein ‹Gedächtnis› besitzen und dieses einsetzen, um in jedem Augenblick ihr Verhalten zu steuern.»[72]

Mit einer solchen Haltung gegenüber dem, was man «Psychomaterie» nennt, sind zwangsläufig Konsequenzen verbunden. Sobald wir nämlich Bewußtsein und Materie nicht mehr als voneinander getrennte Größen ansehen, sondern prinzipiell wie eine Zweieinheit (etwa wie Welle und Korpuskel), fällt der für das dogmatische Weltbild konstitutive Bewußtsein-Materie-Gegensatz ganz automatisch in sich zusammen. Wenn die Materie-Bewußtsein-Beziehung in dieser Weise gesehen wird, ist es natür-

lich unsinnig, weiterhin die «Grundfrage» der Philosophie in der bekannten Form zu stellen. Es gibt dann kein «Primat der Materie» mehr, keinen Materialismus, keinen Idealismus oder wie die Parteiungen, Fronten und Dualitäten noch heißen mögen, die sich um die Beantwortung der «Grundfrage» ranken.

Die Erkenntnis, die ein an Benjamin orientierter Marxismus gewinnen will, maßt sich zwar nicht an, Gott in die Welt zu setzen, wohl aber will sie Erfahrung und Lehre von ihm wieder möglich machen. Sicher, wie wir von Gott sprechen, ist stets abhängig von unserer besonderen Verständnisweise. Deshalb erinnert ja auch Meister Eckehart daran, daß da immer noch ein allerletzter Unterschied zwischen Gottes Sein in sich und unserem Verstehen bleiben wird. Wir müssen uns schon damit abfinden: Der Gott in der Moderne ist weiterhin namenlos, er ist weder in Raum und Zeit, noch ist er in dem, was Zahl, Teil und Menge einschließt.

Soll alles das, was die Religion einmal gewesen ist, in einer geistigen Erneuerung noch einmal wahr werden, dann bedarf es ganz sicher von den unterschiedlichsten Seiten her einer Annäherung an die Quellen, aus denen sich die «wirkliche Religiosität des Menschen» speist. Zu einer der üblichen Formen konfessioneller Religiosität können wir dagegen niemals mehr mit reinem Gewissen zurückkehren. Nachdem wir das «religionslose» Zeitalter fast durchschritten haben, verlangt es den spirituell empfindsamen Menschen nach einem tiefergehenden religiösen Erkenntnisleben, das mit der allerorten anzutreffenden Art des Glaubens, die über ein stupides Für-wahr-Halten bewußt nicht hinausgehen will, kaum mehr etwas zu tun hat. Worauf wahre Religion in zeitgemäßer Form deshalb abzielt, kann gar nichts anderes sein als die Er-

weckung des «inneren Menschen» in uns, des Menschen also, für den Gott allein das Licht ist. Dieser Mensch wird aber nicht aus Fleisch geboren, wie es schon bei Johannes heißt, sondern aus dem Geist heraus – also ganz allein «von oben her». Was auf diese Weise in uns wirkt, wirkt sich Ähnliches. Darum sagt Meister Eckehart: Gott wird in der lauteren Seele geboren.

Ohne das heilsame Wirken des «inneren Menschen» in den sozialen Beziehungen wäre allein eine rein äußerliche Leitung durch Macht, Geld oder ähnliche Mittel denkbar. In den Jahrhunderten seit der industriellen Revolution ist der Handlungszusammenschluß der Menschen untereinander ja auch immer mehr auf dieser Grundlage hergestellt worden. Ein Zeitalter der Verirdischung des Menschen war sicherlich erforderlich, denn allein in dieser Weise konnten die menschlichen Verstandeskräfte in ihrer ganzen Fülle entwickelt werden, nachdem sie zuvor in der Religiosität des Mittelalters befangen blieben. Berechtigt war die Verirdischung, die wir erlebt haben, aber immer nur als Stufe innerhalb einer Stufenleiter des Fortschritts, niemals jedoch als eigentliches Ziel des menschlichen Handelns. Inzwischen ist die Zeit reif geworden, die Welt des Geistes ebenso konsequent zu entdecken, wie wir in der Neuzeit die äußerliche Welt der Dinge entdeckt haben.

Was bedeutet nun in einer derartigen Situation die Redewendung von der «Erweckung des Menschen von oben her»? Die Beantwortung dieser Frage muß unterschiedlich ausfallen, je nachdem wie prinzipiell sie gegeben wird. Es ist ja gewissermaßen jeder Mensch, der sein Handeln am kategorischen Imperativ orientiert, bereits «von oben» inspiriert, ob dieser Mensch nun meint, «nur aus Gründen der Vernunft» zu handeln oder nicht. Denn wer in diesem Sinne nach verantwortungsbewußter Abwägung guter

Gründe etwas tut, der fragt eben nicht zuerst nach dem, was für ihn von Vorteil ist, Geld bringt, die eigene Macht erhöht. Wer so geleitet handelt, dem steht der Sinn nach Gerechtigkeit, die einfach sein sollte und leider nicht ist, dem geht es um die Befreiung aus der Verwerflichkeit.

Man muß sich von vornherein im klaren darüber sein, welche grundsätzlichen Vorurteile im heutigen Bewußtsein jeder Leitung «von oben» her entgegenstehen, ganz gleich in welcher konkreten Form diese Leitung sich auch empfehlen mag. Schließlich gilt der größte Teil dessen, was nicht mit Vorteilserlangung, der Durchsetzung materieller Interessen oder Eigensucht erklärt werden kann, dem heutigen Menschen oftmals als Spleen oder unreal. Aber so wie die Wirkungen der materiellen Verhältnisse wie «von unten» her an den Menschen herantreten, in vergleichbarer Weise ragt in unsere Seelen- und Geisteswelt der Bereich hinein, der über uns Menschen ist. Und genauso wie man durch das «Tor der Sinne» von dem erfährt, was die eigene Sinnlichkeit reizt und das materielle Interesse weckt, kann man durch «innere Organe» die Wegweisung hören, nach der wir uns richten sollen. Wirkungsvoller aber als jede äußere Form der Religionsausübung es jemals bewirken könnte, geschieht die Erweckung des «inneren Menschen» in der individuellen mystischen Praxis. Die Erkenntnis, die hier aufblitzt, ist nicht sinnliches oder verstandesmäßiges Erkennen, sondern ist Teilhabe am Geist. Das bedeutet: es kommt vor allen Dingen auf die Eigenschau an, zu der alle Lehre hinführen will.

VIERTER TEIL:
WOHIN?

13. VORAUSSETZUNGEN UND MÖGLICHKEITEN ALTERNATIVEN HANDELNS

Freiheit «von oben» oder Selbstbestimmung

Erinnern wir uns an dieser Stelle nochmals an einige der im zweiten Teil dieses Buches vorgestellten Phänomene, in denen der «vormundschaftliche Staat» uns sein wahres Wesen offenbart hat: an den konkreten Funktionsmechanismus der politbürokratischen Macht, an das «Gefesseltsein an den Boden und die Maschinerie» als Wirksamkeitsbedingung der Staatsplanwirtschaft und auch an die dominierende Rolle geheimdienstlicher Tätigkeiten im gesamten Ordnungsgefüge des Sozialismus. Der aus einer solchen Zusammenschau resultierende Zustand größerer Klarsicht zeigt, daß die Menschen im Staatssozialismus nicht selten vor die unangenehme Wahl gestellt sind, entweder im Partei- oder Staatsapparat Karriere zu machen, sich in irgendeine gesellschaftliche Nische zu verkriechen oder zum erklärten «Staatsfeind» zu avancieren. In solchen Erfahrungen *kann* die Wende zum wahren Leben beginnen. Denn gerade die Augenblicke, in denen das Blitzen des Erkennens das Gehäuse grell erleuchtet, das dem Ich

bis dahin Sicherheit und Geborgenheit gewähren sollte, enthalten ja immer die Chance, daß der einzelne intuitiv dem Ruf «Folge der Wahrheit!» nachgeht.

Nicht selten aber wird die eigene Lage und die der Gesellschaft einfach als aussichtslos erlebt. Aus dieser Ausweglosigkeit gibt es dann anscheinend nur noch eine Rettungsmöglichkeit, wenn sich ein aufgeklärter Despot findet, der dekretiv die «Vormundschaft» beendet und damit «von oben» die Menschen zur Freiheit zwingt. Diesen bürokratischen Ausweg aus der Gewaltherrschaft, der sich gegenwärtig in der sowjetsozialistischen Gesellschaft mit dem Namen des Reformers Gorbatschow verbindet, hatte schon Platon in seiner Staatslehre als praktikable Möglichkeit hervorgehoben. Gorbatschow dürfte vermutlich dessen Bild eines «wahren Gesetzgebers von Natur» ziemlich genau entsprechen. Und sobald der auch noch «Gewaltherrscher» ist, sagt Platon, sind die besten Bedingungen gegeben, damit durch ihn der «leichteste und schnellste» Übergang aus der politischen Despotie in freiere Verhältnisse herbeigeführt werden kann. Im Buch «Nomoi» heißt es dazu:

«Nicht der Anstrengungen und nicht einer besonders langen Zeit bedarf der Gewaltherrscher, will er die Sitten seines Staates umgestalten; zuerst muß er selbst den Weg, den er etwa eingeschlagen wissen will, einschlagen: wenn etwa zur Ausübung der Tugend, dann muß er die Staatsbürger antreiben, oder wenn zum Entgegengesetzten, dann muß er zuerst durch seine eigene Handlungsweise alles vorschreiben, indem er das eine lobt und ehrt, das andere dem Tadel unterwirft, und in jedem einzelnen Falle den Ungehorsam mit Schmach überhäuft.»[73] (Blättert man in Gorbatschows Buch «Perestroika» oder hört man seine Reden, könnte man den Eindruck gewinnen, der Ge-

neralsekretär der sowjetischen Staatspartei habe sich von der Platonschen Staatslehre belehren lassen.)

Bei Platon warnt in diesem Zusammenhang der «Athener», von niemandem sollen wir uns «überreden» lassen, «daß wohl auf anderem Wege leichter und schneller ein Staat seine Gesetze wechsle als unter der Leitung der Mächtigen, noch daß sich das jetzt anderswie begebe noch in Zukunft je begeben werde»[74]. In dieser voraufklärerischen Meinung liegt bis in die Gegenwart das grundlegende Vorurteil beschlossen, das den Kern jedes «vormundschaftlichen» Bewußtseins bildet. Jenes Kerns, der die Weigerung begründet, Freiheit als die Möglichkeit und Fähigkeit des Menschen zu begreifen, Veränderungen im gesellschaftlichen Leben von selbst anzufangen. Vor keiner anderen Lebenslage fürchtet sich das vormundschaftliche Bewußtsein gleichermaßen, wie vor diejenige Wahl gestellt zu sein, die wir seit den Tagen der Aufklärung als Selbstbestimmung bezeichnen.

Statt die gegebenen Möglichkeiten eines selbstverantwortlichen, kritischen Verhältnisses gegenüber dem Gemeinwesen und dem sozialistischen Staat hier und jetzt wahrzunehmen, begibt sich das vormundschaftliche Bewußtsein in diesen Tagen abermals massenhaft in die gewohnte Objekthaltung, indem es sich erwartungsvoll zum Gegenstand einer Befreiung «von oben» erklärt. Alle Zeichen der Zeit mahnen insofern an die Situation, wie wir sie schon einmal nach dem XX. Parteitag erlebt haben. Die allein in der Mündigkeit des Menschen wurzelnde Assoziation aber, «worin die freie Entwicklung eines jeden die Bedingung für die freie Entwicklung aller ist» (Kommunistisches Manifest), kann der sozialistische Staat in seiner gegenwärtigen Verfassung nur verhindern wollen. Daran wird der Reformer Gorbatschow nichts ändern können,

denn auch er als Generalsekretär der Staatspartei muß die Staatsraison im Auge behalten. Die Staatsraison jedoch verträgt sich nicht so ohne weiteres mit der Bildung und Erziehung des Menschen zum «öffentlichen Gebrauche seiner eigenen Vernunft», sondern sie verlangt zuerst einmal im guten wie im bösen die Einschleifung der Untertanenrolle. Denn die im sozialistischen Staat verdinglichte Macht zur Fremdbestimmung des Menschen will und kann nur wollen den Bürger als den anpassungsbereiten Produzenten-Untertan.

Zweifellos hat Gorbatschow mit seiner durch die Worte «Glasnost» und «Perestroika» gekennzeichneten Politik bei unzähligen Menschen, die im Staatssozialismus leben, tiefes Aufatmen bewirkt, das kann man gar nicht überhören oder etwa gar geringschätzen. Deshalb brauchen wir aber nicht gleich in die Illusion zu verfallen, es sei nunmehr für den einzelnen Menschen gar nicht mehr nötig, «sich aus der ihm beinahe zur Natur gewordenen Unmündigkeit herauszuarbeiten» und den Staat bis in seine Grundfesten hinein umzugestalten. Worauf wir allein unsere Hoffnungen setzen dürfen, ist, daß das «Publikum sich selbst aufkläre», damit endlich die nach Kant erforderliche «wahre Reform der Denkungsart zu Stande kommen kann», die allein uns zukünftig an jeder Form von Subalternität wird hindern können.

Man glaubt heute offenbar vielerorts, den Menschen etwas Gutes anzutun, wenn man sie in ihrer Utopie des «guten Herrschers» bestätigt, aber man ist unehrlich, wenn man in ihnen nicht das Verständnis dafür weckt, in welchem Maße der Niedergang der staatssozialistischen Gesellschaften gerade dieser ihrer «vormundschaftlichen» Erwartungshaltung geschuldet ist. Nicht darum kann es sich schließlich in dem gegenwärtigen Augenblick des

historischen Geschehens handeln, die eine Form der Vormundschaft gegen die andere auszutauschen, sondern einzig darum, die nächste Wegstrecke im «Fortschreiten zum Besseren» zu gehen.

Zum subjektiven Faktor alternativen Handelns

Soll der «vormundschaftliche Staat» zurückgenommen werden, so müssen Kräfte in der staatssozialistischen Gesellschaft tätig werden, die danach trachten. Wie die ersten Ergebnisse öffentlicher Diskussionen innerhalb der von Gorbatschow angeführten Nomenklatura im sozialistischen Lager zeigen, hat sich die herrschende Meinung im Zentrum des Staatssozialismus geändert. Es schwindet der Glaube, daß die Mängel der zentral geplanten sozialistischen Ökonomie nur als Ausdruck von Kinderkrankheiten einer sich selbständig zum Besseren wandelnden Staatsplanwirtschaft betrachtet werden können. Gleichzeitig breitet sich die Meinung aus, daß die allgemeine Unordnung in der Wirtschaft und darüber hinaus als eine Art Preis für die Bestandserhaltung des derzeitigen politökonomischen Systems angesehen werden muß. Denn für einen Teil der herrschenden Staatsbürokratie ist diese Unordnung von Vorteil.

Waren sich noch bis vor kurzem die Befürworter einer Erweiterung der Marktbeziehungen und die Verfechter der Selbstverwaltung einig in ihrem Angriff auf die starre Planwirtschaft, so beginnen sich heute, da die gesellschaftliche Entwicklung die praktische Frage einer Alternative auf die Tagesordnung gesetzt hat, weitergehende Differen-

zierungen abzuzeichnen. Grob gesprochen: Wie stets in derartigen historischen Situationen will der eine Teil der Nomenklatura der Wirtschaft mehr technokratisch gefärbte Rezepte verschreiben, währenddessen der andere Teil wieder mal auf die «Demokratisierung» setzt. Und so dreht sich dann der Interessenstreit, wie wir anläßlich der Diskussionen über den Gesetzentwurf für den staatlichen Betrieb und die Genossenschaften sehen konnten, immer wieder um die alte Frage, ob man ein bißchen «Mehr» an «Marktwirtschaft» zuläßt oder nicht. Sieht man einmal von der vereinzelt vertretenen Forderung nach der Schaffung eines «kleinen Reservearbeitsheeres» ab, so sind die vertretenen Auffassungen keinesfalls originell.

Aufs Ganze gesehen dürfte eine durch die Entwicklungsprozesse in der SU belehrte und bestärkte Reformbewegung im deutschen Staatssozialismus vermutlich zunächst annähernd dieselbe Entwicklung nehmen. Aber hier wie dort kann das Bedürfnis nach ökonomischen Umgestaltungen sehr bald weitertreibende Kräfte innerhalb und außerhalb der Bürokratie freisetzen, wenn sich erweist, daß wegen des Primats der Politik in der sozialistischen Gesellschaft wirtschaftliche Reformen nur zu haben sind nach einer entsprechenden «Rücknahme» des vormundschaftlichen Staates in die Gesellschaft. Kommt ein solcher Lernprozeß erst einmal in Gang, ist für den deutschen Staatssozialismus damit zu rechnen, daß sich sehr bald eine Entwicklung ergibt, die von ganz alleine auf eine Rücknahme des «vormundschaftlichen Staates» aus der Wirtschaft und dem Geistesleben hinarbeitet. Im Verlaufe eines solchen Prozesses dürfte es kaum ausbleiben, daß in einer deutschen Reformbewegung sehr bald rechtsstaatliche Traditionen erinnert würden – vielleicht der entscheidende Unterschied zur Umgestaltung in der SU.

Jeder Reformbewegung im deutschen Staatssozialismus, die Änderungen in dieser Richtung bewirken will, wird die Unterstützung innerer und äußerer Kräfte schon deshalb zuteil werden, weil sie eine Beendigung der durch die «Geschlossenheit» der sozialistischen Gesellschaft hervorgerufenen Leiden verspricht. Ob jedoch im Verlaufe eines solchen Prozesses eine wirkliche Neugliederung des sozialen Organismus entsteht oder ob im Ergebnis der gesellschaftlichen Umwälzungen lediglich eine dem Staatseigentum verpflichtete östliche Gesellschaftsversion zum Zuge kommt, die in gesteigertem Maße bestrebt ist, westlichen Vorbildern möglichst im Detail noch nachzueifern, hängt ganz entscheidend von der gesteigerten *Sozialfähigkeit* aller den Wandel tragenden Kräfte ab. Die menschliche Sozialfähigkeit aber gründet sich nicht nur auf die Selbstbehauptung, auch nicht auf die Selbstbehauptung gegenüber den Anmaßungen der Politbürokratie, und sie gründet sich erst recht nicht auf den Veränderungswillen eines um seine Weltanliegen kreisenden Ichs. Gerade das Welt-Ich vieler Menschen im deutschen Staatssozialismus will ja oft nicht mehr als nur schnittigere Autos, reizvollere Urlaubsziele, Vergnügungen aller Art – mit einem Wort: Konsumbefriedigung wie im Westen. Es sollte bloß nicht ganz so scharf zugehen wie dort.

Um die Verhältnisse aber gültig zu gestalten, muß der sozialistische Mensch vor allem der Tatsache gewahr werden, daß sein wahres Leiden letztendlich aus der Unerfülltheit seines menschlichen Wesens herrührt. Dieses Leiden, das Ganzsein und Heilsein verhindert, ist aber etwas anderes als das gewöhnliche Leiden des Welt-Ichs unter den politischen Verhältnissen. Erst wenn das Leiden aus der Tiefe Menschen zu Wesen formt, die sich bewußt im Widerspruch zwischen den Aufgaben und den Verführun-

gen der Welt sowie ihrer inneren Stimme bewegen, kann eine gültige Umgestaltung der Gesellschaft gelingen. Wie aber vollzieht sich die Vermittlung derartiger Subjektäußerungen im praktisch-gegenständlichen Lebensprozeß der sozialistischen Gesellschaft?

Liebe ist nötig

Auch im bestehenden Staatssozialismus ist es niemals nur die Macht allein, die das Handeln der Menschen bestimmt. Mit Macht und Geld kann die Politbürokratie zwar das sozialistische System steuern, die Gesamtheit der zwischenmenschlichen Verhältnisse kann sie damit jedoch nicht erreichen. Wie sich die Zeiten insoweit gewandelt haben, verdeutlicht am besten die historische Sichtweise: Es liegen Welten zwischen dem partikularistischen Selbstverständnis unserer Bürokraten, wie es in der Betonung des Klassencharakters der sozialistischen Staatsmacht zum Ausdruck kommt, und dem alles und jeden vereinnahmenden Paternalismus der alten Despotien. Nicht daß die sozialistische Bürokratie diesem Selbstverständnis abgeschworen hätte. Wo es nur geht, spielt sie weiterhin Vormund für die Menschen. Heute weiß sie aber, daß der von ihr erhobene Anspruch, noch die persönlichen Lebensverhältnisse der Menschen bestimmen zu wollen, bereits in weiten Kreisen als unnatürlich empfunden wird. Zunehmend mehr Gesellschaftsmitglieder gestalten gerade aus diesem Empfinden heraus ihr persönliches Leben bewußt als Gegensatz zur System-Welt. Auf diese Weise wird der in der System-Welt erlittene «Schmerz über den Abstand

zwischen dem Bedürfnis, wirklich zu leben (Wirklichkeit zu erleben), und der durchdringenden Erfahrung von Entsinnlichung, Entwirklichung» praktisch. Was entsteht, ist eine Wirklichkeit im Untergrund, die ihre eigene Geschichte schreibt und die zugleich planmäßiger Widerstand gegen Macht und Marktstrukturen ist.

Woher bezieht dieser Widerstand seine Energie? Allein aus dem Gegensatz zur System-Welt kann die Kraft nicht herkommen, welche die Menschen antreibt. Tatsächlich ist die Antwort einfach: Wo Liebe die Grundrichtung des Handelns bestimmt, entstehen in der Praxis Lebensformen, die gegen Macht und Geld immun sind. Weil Liebe aber in jeder Gesellschaft das bessere Sein darstellen will, ist diese von vornherein mehr als ein harmloses Privatvergnügen. Liebe zielt auf den «inneren Menschen»! Der Weg der Liebe, die im persönlichen Bereich beginnen mag, führt zu einem Verhalten des Menschen, das die Gleichgültigkeit gegen andere als die entscheidende Grundlage jeder Herrschaft überwindet.

Erst in der vollendeten Liebe werden alle die Schranken niedergerissen, die der Mensch um der Macht willen in sich errichtet hat, sei es in Form seines Charakterpanzers, der Vorurteile, Sprachstörungen usw. Liebe allein kann am Ende das Macht- und Besitz-Ich der Politökonomie niederbrennen. Denn ein solches begegnet dem Lebendigen in allen Liebesverhältnissen. Diese sind ja von sich aus nicht frei von jeder Gewalt und Unterdrückung. Sie müssen die Gewalt erst tilgen, die immer wieder in sie eindringt.

In den «Liebesverhältnissen» finden wir das praktische Modell, anhand dessen Gleichgültigkeit und Herrschaft kritisiert werden können. Die Liebe ist neben dem verständigungsorientierten Diskurs die einzige organisatorische

Lebensform, der eine *revolutionäre* Sprengkraft einwohnt. Liebe allein kann die Überzeugung festigen, daß der Mensch mit dem Menschen auch ohne Gewalt leben kann.

Nicht aus der unbegrenzt erweiterten Akkumulation des objektivierenden Denkens und des technisch-organisatorischen Wissens können wir menschlichere Handlungsorientierungen erwarten. Diese sind nur als ein Ausdruck der moralisch-praktischen Reife zu verstehen, die der einzelne im Umgang mit seinem Mitmenschen erwirbt. Hier, in den Liebesverhältnissen, begegnen wir Menschen einander als Vertreter wirklichen Lebens, für die das Sein selber das Worumwillen aller Tätigkeit darstellt. Nur aus der empirischen Tatsache der Existenz von Liebesverhältnissen heraus läßt sich die Hoffnung begründen, die Menschheit wäre heute reif genug, vor allem anderen zunächst reifere Formen des sozialen Zusammenhalts zu entwickeln, um erst auf dieser Grundlage vernünftig über die Anwendung der neuen Produktivkräfte zu entscheiden (und nicht umgekehrt!). Genau das ist des Pudels profaner Kern, den die unvermeidlich mit der Losung «Liebe ist möglich» einherkommende Metaphorik oftmals mehr verdeckt als freilegt.

Jede reifere Form der Sozialintegration setzt aber die weitere Entwicklung der Familie voraus. Wenn überhaupt, dann kann nur von hier her der Wandel des Gesellschaftscharakters seine ersten Impulse erhalten. Während der Mensch in der System-Welt des Sozialismus auf schmerzhafte Weise darin eingeübt wird, mit sich selbst, seinem Mitmenschen und der Natur distanziert umzugehen, damit er diese skrupellos auszubeuten lernt, erinnert ihn die Lebensweise in der Familie, in freundschaftlichen Beziehungen, Liebesverhältnissen und nachbarschaft-

lichen Begegnungen immer wieder daran, was ihm persönliche Nähe bedeutet, wie menschliche Beziehungen auch sein können.

In unseren Tagen bewährt sich die Familie immer weniger als das Übungsfeld, wo dem Individuum und zukünftigen Staatsbürger das Prinzip «Bück dich!» eingebleut werden kann, jenes Grundgefühl von Ordnung, das nach Hegel den Staat in seinem Innersten zusammenhält. Seitdem das Bild der modernen Familie immer mehr durch die sich ausbreitenden partnerschaftlichen Beziehungsmuster und immer weniger durch zwanghafte Erziehungspraktiken bestimmt wird, sucht und findet das Individuum hier Zuflucht vor der Scheinhaftigkeit der zwischenmenschlichen Beziehungen in den formal organisierten Handlungsbereichen des Systems der Politökonomie. Darin zeigt sich, daß die Familie auch noch im Staatssozialismus in einem sittlichen Gegensatz zum «Gesetz des Staates» steht. Auch noch im Staatssozialismus gilt das Wort, wonach in der Familie das «Gesetz des Weibes» vorherrscht, welches das «Gesetz der empfindenden subjektiven Substantialität, der Innerlichkeit» ist.

Wenn wir darüber hinaus die rapide fortschreitende Deinstitutionalisierung der Ehe und die Aufhebung der antiquierten «Männlichkeit» im Staatssozialismus in Rechnung stellen, dann schließt der Wandel in den sittlichen Verhältnissen Momente in sich ein, deren politische Bedeutung gar nicht hoch genug eingestuft werden kann. Denken wir nur an die Erhöhung der Reflexivität in der Zweierbeziehung oder an die massenhafte Bewußtwerdung der Gefühlswelt, die wir gegenwärtig erleben. Weit weniger als in Vorläuferformationen reguliert die klassische Institution Ehe im Staatssozialismus das Verhalten ihrer Glieder zugunsten der herrschenden Macht. In dem

Maße aber, wie die Konturen der «musterhaften Eheführung» dem Menschen nicht mehr vor Augen stehen, sieht sich dieser auf die Reflexivität in der Zweisamkeit verwiesen, um hier in einem mühevollen Dialog immer wieder neu die familiäre Identität zu bestimmen.

Unter diesen Bedingungen artet der Wechsel aus der familiären Lebenswelt in die bürokratisch organisierte Arbeitswelt immer mehr zu einer Machtprobe zwischen dem einzelnen und dem System aus. Je weiter sich das System gegenüber der persönlichen Lebenswelt verselbständigt, um so schwieriger wird es, den an die eigensinnigen dialogischen Strukturen der Familie gewöhnten Menschen den Imperativen des Systems zu unterwerfen. Sobald junge Menschen am ökonomischen und politischen Verkehr teilnehmen, stellt sich deshalb die Frage, ob ihre zu diesem Zeitpunkt verinnerlichten Handlungsmuster ein problemloses Umschalten zugunsten der vom System erwarteten bürokratischen Rationalität gewährleisten. Damit ist ein Widerspruch angezeigt, dem ausnahmslos alle Angehörigen der nachwachsenden Generation ausgesetzt sind. In der (gemessen am niedrigen Niveau der allgemeinen Kriminalitätsbelastung) unverhältnismäßig hohen Jugendkriminalität entfaltet sich der Widerspruch augenscheinlich nach seiner anarchischen Seite. Aber derselbe Widerspruch kann ebensogut das demokratische Handeln der Jugendlichen aktivieren. Nämlich dann, wenn er dem einzelnen als Bedürfnis bewußt wird, an der Gestaltung des eigenen Daseins auch außerhalb der familiären Lebenswelt mitzuwirken, und diesem legitimen Bedürfnis mit strafrechtlichen Mitteln eine Abfuhr erteilt wird.

Mit Hilfe des staatlichen Jugendverbandes und einer besonderen «Jugendpolitik» will die Politbürokratie das unter der Jugend vorhandene Widerstandspotential ent-

schärfen. Wirtschaftliche Schwerpunktvorhaben werden zu Jugendobjekten erklärt, an deren Bewältigung sich junge Menschen heroisch bewähren sollen. Stumpfsinnigste Plackerei wird zum Abenteuer umgedeutet. Nachgeholfen wird mit materiellen Anreizen, Orden und allerlei Ehrungen, um die einmal geköderten Jugendlichen wenigstens zeitweilig bei Laune zu halten. Die «neuen Leiden des jungen W.», die der Schriftsteller Ulrich Plenzdorf protokolliert hat, sind aber so nicht zu heilen, wie das tragische Ende des Edgar Wibeau exemplarisch zeigt. Wenigstens dieser eine widersteht dem System mit aller Konsequenz und vertritt seinen Anspruch auf einen mitbestimmten Lebensentwurf, der über die engen Grenzen seiner Privatwelt hinausweist.

Ob und wie sich die Architektur des Systems der Politökonomie ändern wird, wenn die Familie und die Ehe als tragende Pfeiler von Recht und Ordnung in ihrer überlieferten Form immer mehr ins Wanken geraten, bleibt abzuwarten. Daß aber jeder Wandel in den sittlichen Verhältnissen politische Folgen zeitigen wird, steht fest.

Tapferkeit oder Zivilcourage?

Aus Angst scheuen die meisten Menschen im Staatssozialismus davor zurück, öffentlich in der Wahrheit zu leben. Wo es moralisches Handeln gibt, da beschränkt sich dasselbe oftmals auf private Tugendhaftigkeit, Hilfsbereitschaft gegenüber Nachbarn, die gewissenhafte Erfüllung anerkannter Normen in Familie und Beruf. Indem wir stillschweigend in unserem Handeln auf Öffentlichkeit

verzichten, halten wir uns an die von der geheimpolizei-
lichen Macht abgesteckten Grenzen. Gegenüber dem Unrecht um uns herum bleiben wir taub und stumm. Durch
Unterlassen werden wir mitschuldig an dem, was in unserer Umgebung politisch vor sich geht. Lieben wir ihn
wirklich – unseren Nächsten? Schlüpfen wir nicht begierig,
um unser Gewissen zu besänftigen, in die respektablen
Rollen, welche die Gesellschaft für uns bereithält? Als
«ehrlicher Arbeiter», «guter Vater», «gewissenhafte Buch-
halterin», «sich aufopfernde Krankenschwester» und wie
die zahlreichen Verkleidungen unseres wahren Ich alle
heißen mögen, hinter denen wir unsere private Tugendhaftigkeit wahren wollen, schreiten wir emsig auf dem uns an-
gewiesenen Pfad der Pflichterfüllung dahin. Der diesem
sozialen Verhalten innewohnende Sinn, das ist der Sinn
des Nichts-wissen-Wollenden. In der Begrenzung auf das
Pflichtgemäße kommt Widerspruch erst gar nicht hoch. Es
unterbleibt jeder Versuch einer freien, aus der Verantwortung heraus getanen Tat, die allein das Böse überwinden
kann.

Dürfen wir aber, solange die geheimpolizeiliche Macht
im Staatssozialismus allgewaltig ist, den bedingungslosen
und öffentlichen Gebrauch der individuellen Vernunft
unter allen Umständen fordern? Wohl kaum. Wir können
einfach nicht erwarten, daß ausgerechnet in einer Welt
geheimpolizeilicher Tätigkeiten Menschen nur noch aus
reiner Moralität heraus handeln. Zwar wird die Macht
weiterhin mit der intellektuellen Redlichkeit einzelner
rechnen müssen, die aufs Ganze gehen. Nicht weniger bedarf es aber der Ermutigung, im täglichen Leben die eigenen Überzeugungen gegen die Anmaßungen der Macht
von Fall zu Fall öffentlich zu vertreten. Mit anderen
Worten: was wir bitter nötig haben, sind Menschen mit

Zivilcourage! Die Tugend der Zivilcourage hat erst in der jüngsten Vergangenheit ihren festen Platz in den Normenkatalogen der universalistischen Ethik gefunden. Zivilcourage meint nicht die individuelle oder kollektive Rebellion gegen empörende Mißstände und Unterdrückung. Zivilcourage zeigt, wer damit anfängt, «sich aus der ihm beinahe zur Natur gewordenen Unmündigkeit herauszuarbeiten». Für den, der die Macht hat, ist die Tugend der Zivilcourage dagegen entbehrlich. Der Machthaber bedarf ihrer nicht, will er seine «Wahrheiten» verkünden. Zudem sind couragierte Untertanen nicht mehr so ohne weiteres kuschbereit, sie «mucken auf», wie es im Jargon der Mächtigen heißt.

In Deutschland hat die Tugend der Zivilcourage noch immer Seltenheitswert. Schon der alte Bismarck soll zu seinem Mitarbeiter von Keudell gesagt haben: «Mut auf dem Schlachtfeld ist bei uns Gemeingut, aber Sie werden nicht selten finden, daß es ganz achtbaren Leuten an Zivilcourage fehlt.» Bis heute ist es dabei im wesentlichen geblieben. Während die Tugend der Tapferkeit staatlicherseits ebenso wie in der Familie gefeiert wird, gerade so, als müßten wir uns alsbald wieder mal auf den Schlachtfeldern dieser Erde bewähren, ist der Kurswert der Zivilcourage niedrig. Wir lernen zwar, wie man Schmerzgefühle abwehrt und unter allen Umständen die eigene Angst verleugnet – wie man «ein tapferer Junge ist», haben aber in vergleichsweise harmlosen Lebenslagen nicht den Mut zur eigenen Meinung. Unsere Geschichtsbücher sind Sammlungen von Heldenbiographien. Tritt da aber einer aus seiner Unmündigkeit heraus und der Macht mitsamt ihren Einschüchterungen couragiert entgegen, ist das unseren Geschichtsschreibern selten der Rede wert. Wie oft kommt es aber geschichtlich gerade auf das Handeln derer an, de-

nen ihre Unmündigkeit beinahe zur zweiten Natur geworden ist. Es macht zudem einen Unterschied, ob der Mensch subjektiv aus der Rangtiefe heraus handelt oder ob da einer Widerstand leistet, der unter etwas anders gearteten politischen Umständen selber zum Kreis der Mächtigen zählen würde.

Gerade in der Zivilcourage zeigt sich ein moralisches Moment der Freiheit, das zutiefst menschlich ist. In Zeiten des Umbruchs etwa (die uns meist zum Vorbild für moralisches Handeln dienen), wenn die überlebten Ordnungen zusammenbrechen, entsteht meist im Gefolge der voranstürmenden sozialen Aktivisten ein Sog, in dem die vielen nur mitgerissen werden. Was mit ihnen geschieht, kann man schwerlich als tugendhaftes Handeln ansehen. Die Zeit der Zivilcourage liegt dazwischen. Zivilcourage ist in den geschichtlichen Abschnitten gefragt, in denen «Ordnung und Sicherheit» nicht in Gefahr sind. Dann hängt Entscheidendes für das menschliche Zusammenleben davon ab, ob Zivilcourage als Tugend gelebt wird.

Es leuchtet ein, wir alle brauchen Tugenden, nach denen wir unser Handeln richten. Ohne universalistische Normen und Werte sind wir hilflos den Zumutungen der Politbürokratie ausgeliefert, die sich durchaus nicht immer nur auf selbstsüchtige Interessen stützt. Es ist ja kein Zufall, wenn in der staatssozialistischen Gesellschaft allein heroische Tugenden wie «Heldentum», «Opferbereitschaft» usw. gepriesen werden und in Lehrbüchern der Ethik nicht einmal das Wort «Zivilcourage» geschrieben steht.[75] Durch diese Überhebung trefflichen Handelns ins schier Unerreichbare bleibt der gewöhnliche Alltag meist ungestört durch moralische Vorbehalte.

Natürlich kann auch im Staatssozialismus das notwendige «Zusammenfallen des Änderns» sowohl der beste-

henden Verhältnisse als auch des menschlichen Handelns in der hier angedeuteten Richtung «nur als *umwälzende Praxis* gefaßt und rationell verstanden werden». So richtig aber diese Einsicht ist, sie darf nicht länger als Entschuldigung dafür dienen, daß wir nicht mit der erforderlichen Selbst-Veränderung beginnen. Gerade die Geschichte der neuzeitlichen Arbeiterbewegung liefert Beispiele genug, wie sich zunächst fortschrittliche Bewegungen in ihr genaues Gegenteil verkehrt haben, weil ihre Mitglieder nicht die psychischen Wurzeln der Vormundschaft bei sich selbst beseitigt haben. Moralisches Handeln ist ein Sprung vorwärts in der Bewußtheit der Menschen. Was immer wir an Charakterfehlern oder Schwächen besitzen – wir können uns ändern, umkehren. Darum geht es.

Wer auf eine menschlichere Form des Staatssozialismus hinwirken will, der darf die eigene Tugendhaftigkeit nicht auf den Sankt-Nimmerleins-Tag vertagen. Die Änderung der Verhältnisse allein – hier etwas weniger Zentralismus, da ein bißchen mehr Mitbestimmung – führt nicht weiter. Unser Unvermögen, konstruktiv und offen zu handeln, ist gewiß verschiedensten Umständen geschuldet. Aber diese Umstände wären nicht die, die sie eben sind, wenn nicht überall auch ein innerer angstbedingter Konformismus mit am Werke wäre, der uns ständig zuruft: nur nicht auffallen, es läßt sich sowieso nichts machen, sieh dich vor ... Die Tugend, die diesen Konformismus überwindet, ist die Zivilcourage.

14. ZUR NEUGLIEDERUNG DES STAATSSOZIALISMUS – EIN ENTWURF

Bei aller Skepsis gegenüber der Möglichkeit einer grundsätzlichen Reformation des Staatssozialismus will ich dennoch zum Abschluß meiner Überlegungen den Versuch unternehmen, in die Zukunft zu denken, und der Frage nachgehen, wie denn menschlichere und demokratischere Verhältnisse beschaffen sein müßten. Eines ist sicher: Zum Besseren werden sich die Verhältnisse nur wenden, wenn es gelingt, die Entwicklung des Systems wieder mit der beeinflußbaren Wirklichkeit und den tatsächlichen Bedürfnissen der Menschen zusammenzuschließen. Anstelle der unter der Parole des «demokratischen Zentralismus» betriebenen Übersetzung der Systemzwänge in die Lebenspraxis der Menschen muß von dieser her ein vernünftiger Einfluß auf das System ausgeübt werden.

Wie dieser Einfluß der Lebenswelt auf das System aussehen könnte, kann man sich gut vor dem Hintergrund der tatsächlichen Planungspraxis im Staatssozialismus klarmachen. Diese ist ja dadurch gekennzeichnet, daß der zentral erarbeitete «Planentwurf» die gesellschaftliche Entwicklungsrichtung und die entscheidenden Prioritäten

und Proportionen von vornherein festschreibt. Worüber außerhalb der Reihen der Politbürokratie nurmehr beraten werden darf, ist, wie die Plankennziffern übererfüllt werden können. Ob wir in die Kfz-Industrie oder den Ausbau des Schienennetzes der Eisenbahn, ob wir in die Volkswirtschaft oder die Rüstung investieren, ob wir dem Umweltschutz unsere Aufmerksamkeit zuwenden wollen oder nicht, Fragen dieser Art stehen prinzipiell außerhalb der öffentlichen Diskussion. Gerade die Beantwortung dieser Art Fragen muß aber vor jeder Planausarbeitung dem Vetodruck öffentlicher Diskurse ausgesetzt werden. Nicht innerhalb, sondern grundsätzlich außerhalb des Systems der Politökonomie müssen die tragenden Prämissen ausgehandelt werden, anhand derer die Planer ihre Entwürfe fertigen.

Wollen wir das alte Menschheitsziel einer «Überführung der politischen Regierung über Menschen in eine Verwaltung von Dingen und eine Leitung von Produktionsprozessen» nicht in das Nirgendwo rosaroter Sehnsuchtslandschaften verlegen, dann dürfen wir uns nicht scheuen, den Punkt zu benennen, von dem aus in der Gegenwart der Ausbruch aus dem Gehäuse bürokratischer Hörigkeit beginnt. Ich denke, es ist – so bescheiden das klingen mag – der öffentliche Diskurs, der in allen gesellschaftlichen Bereichen in Gang gebracht werden muß. Erst in dem Umfang, wie über öffentliche Diskurse die Ziele und Formen des Zusammenlebens im Staatssozialismus bestimmt werden, kann von einer Transformation des Politischen, einem ersten Schritt in Richtung einer Assoziation der Menschen in Freiheit gesprochen werden.

Wer gedanklich die Richtung der notwendigen Umgestaltung im Staatssozialismus vorzeichnen will, wird dann, wenn er es praktisch meint, gar nicht alle Einzelfragen be-

antworten können, welche die Praxis in der gegenwärtigen Phase der Entwicklung stellt. Um die Beantwortung einer Frage kommt jedoch keine Erörterung der zukünftigen Daseinsbedingungen im Sozialismus herum: Welcher *Neugliederung* bedürfen .die sozialistischen Verhältnisse, damit unser Gesellschaftskörper von den ihn schwächenden und verunstaltenden sozialen Pathologien saniert werden kann?

Vor allem muß der soziale Organismus so gestaltet werden, daß bereits vom Wesen dieser Neugliederung her das «Gefesseltsein an den Boden und die Maschinerie» mitsamt «Mauer», der ideologische Dogmatismus, die Rechtlosigkeit ebenso wie die anderen Anachronismen innerhalb des Geistes- und Wirtschaftlebens überwunden werden. Ganz sicher müßte auch wieder die wirtschaftliche Tüchtigkeit wachgerufen werden. Ganz gleich, wie man die Sache betrachtet, die Fülle der zur Lösung anstehenden Probleme ist riesengroß. Man wird sie aber in ihrer Mehrzahl nur dann bewältigen können, wenn ohne jeden Vorbehalt die entscheidende *Konsequenz* gezogen wird, den «vormundschaftlichen Staat», der ja zum überwiegenden Teil für die Probleme verantwortlich ist, wenigstens in dem Umfang «absterben» zu lassen, wie er mit seinen Apparaten und Politiken das Geistes- und Wirtschaftsleben tyrannisiert. Die zu erringende Freiheit kann heute, ·vie Marx in seiner Kritik des Gothaer Programms geschrieben hat, nurmehr darin bestehen, «den Staat aus einem der Gesellschaft übergeordneten in ein ihr durchaus untergeordnetes Organ zu verwandeln...»[76].

Am Beginn jeder sozialen Erneuerung und vor ökonomischen Reformen muß daher die Einrichtung einer gesellschaftlichen Kontrolle über diejenigen Staatsparasiten stehen, deren fachmännischer Handhabung von Maulkorb

und Knebelkette wir die anhaltende Friedhofsruhe in unserem Lande verdanken. Hierin muß der erste Schritt für einen Wandel zur Freiheit im Staatssozialismus bestehen. Der lähmende Einfluß der überdimensionalen Sicherheitsapparate muß zurückgedrängt und der Kaderbestand der Dienste sowie deren Reproduktion der Entwicklung der wirklichen Kriminalität in der Gesellschaft angepaßt werden.

Es fragt sich nun: Welche Umwandlung wird der sozialistische Staat erfahren, wenn er im Geistesleben und in der Wirtschaft planmäßig zum «Absterben» gebracht wird? Mit anderen Worten, welche Aufgaben bleiben dem Staat und seinen Organen vorbehalten, die den jetzigen Staatsfunktionen entsprechen? Logischerweise wird sein Betätigungsfeld erheblich schrumpfen. Aus der (ständig wachsenden) Rolle des Volkserziehers und Wirtschaftsorganisators wechselt der Staat dann zwangsläufig in die eher schon wieder liebenswürdige Rolle des bloßen «Wächters», der nach innen die demokratischen Formen garantiert, in denen sich Menschen unterschiedlicher gesellschaftlicher und politischer Gruppierungen zueinander ins Verhältnis setzen.

Wird der sozialistische Staat in dieser Weise aus dem Geistesleben und der Wirtschaft als eine diesen Verhältnissen wesensfremde Kraft zurückgenommen, so kann der soziale Organismus in diesen beiden Gliedern Zug um Zug eigene Selbstverwaltungen ausbilden. Im Ergebnis wird eine Dreigliederung in die gegeneinander verselbständigten Bereiche Geistesleben – Wirtschaft – Staat entstehen. Auf diese Idee der Dreigliederung weist bereits im Denken der Aufklärung wie des Marxismus vieles hin. Ihre konsequenteste Ausformung hat sie zu Beginn dieses Jahrhunderts durch Rudolf Steiner erfahren.

Geistesleben

Mag unter der erforderlichen Umgestaltung der gesellschaftlichen Verhältnisse im Konkreten auch durchaus
Unterschiedliches verstanden werden – Übereinstimmung
besteht vermutlich bei allen reformwilligen Kräften dahin-
gehend, daß durch die Umgestaltung und die damit ver-
bundene Ausschaltung der «kulturell-erzieherischen»
Funktion des Staates dieselben Menschen zu selbstbe-
stimmtem Handeln gerufen werden sollen, die derzeit oftmals noch widerspruchslos in der Unmündigkeit verhar-
ren. Nicht die Wünsche des sozialistischen Staates, der
heute zum Haß auf den vermeintlichen Klassenfeind auf-
ruft, morgen dagegen unsere Jugend zur Liebe gegenüber
ständig wechselnden «Bruderparteien und Brudervöl-
kern» erziehen will, würden dann weiter die Orientierung
des Bildungs- und Erziehungswesens bestimmen. Es
wären dann im Prinzip universalistische, menschheits-
pädagogische Gesichtspunkte, die allmählich in den Vor-
dergrund rücken und die Richtschnur für das kulturelle
Handeln liefern würden. Wilhelm von Humboldt hat in
klassischer Weise das Ziel beschrieben, dem ein solches,
von staatlicher Bevormundung befreites Geistesleben ent-
gegengeht:

«Wenn wir eine Idee bezeichnen wollen, die durch die
ganze Geschichte hindurch in immer mehr erweiterter
Geltung sichtbar ist, wenn irgend eine die vielfach bestrit-
tene, aber noch vielfach mißverstandene Vervollkomm-
nung des ganzen Geschlechtes beweist, so ist es die Idee
der Menschlichkeit: das Bestreben, die Grenzen, welche
Vorurteile und einseitige Ansichten aller Art feindselig
zwischen die Menschen gestellt, aufzuheben, und die gesamte Menschheit, ohne Rücksicht auf Religion, Nation

und Farbe, als einen großen, nahe verbrüderten Stamm, als ein zur Erreichung eines Zweckes, der *freien Entwickelung innerlicher Kraft*, bestehendes Ganzes zu behandeln. Es ist dies das letzte, äußerste Ziel der Geselligkeit, und zugleich die durch seine Natur selbst in ihn gelegte Richtung des Menschen auf unbestimmte Erweiterung seines Daseins.» [77]

Ein an solchen Gesichtspunkten durchgängig orientiertes Geistesleben könnte schrittweise den Bewußtseinswandel befördern, der nötig ist, um die Seiten des deutschen Gesellschaftscharakters auszugleichen, die sich mit der «Verpreußung Deutschlands» herausgebildet haben und die im Staatssozialismus lediglich unter anderem Namen weiterentwickelt wurden. Anstelle der Begeisterung für «Organisationen», «preußischen» Gehorsam oder «Klassen- und Parteidisziplin» würde die Bereitschaft in der menschlichen Seele geweckt, durch persönliches Eingreifen die sozialistischen Verhältnisse so zu verändern, daß die Menschen wirklich wieder in solidarischer Weise neben- und miteinander leben können.

Allein durch seine Unabhängigkeit wird das gesamte Geistesleben in die Lage versetzt, wirklich von sich aus bestimmend durch die «Entwicklung des gesellschaftlichen Individuums, die als der große Grundpfeiler der Produktion und des Reichtums erscheint», in das Staats- und Wirtschaftsleben hineinzuwirken. Denn nur die Selbstverwaltung verspricht Verhältnisse, welche die wirklich «freie Entwicklung der Individualitäten» garantieren gegen die Zumutungen der Politbürokratie, deren borniertes Interesse immer wieder nur auf Menschen abzielt, die den Erfordernissen des bürokratischen Betriebs entsprechen.

Hier, im Bereich eines selbstverwalteten Geisteslebens, wäre zugleich derjenige kulturelle und soziale Raum gege-

ben, aus dem heraus die Menschen unbehindert durch staatliche oder wirtschaftliche Macht im Rahmen einer diskursiv geführten permanenten Volksaussprache die obersten Werte des im Staatssozialismus geltenden Weltbildes verändern könnten, damit so die Weichen für die materielle Produktion neu gelegt werden. Die «allgemeinen Mächte des menschlichen Kopfes» könnten dann einmal real zum Wegweiser aus einer ebenso unsozialen wie umweltfeindlichen Ökonomik werden.

Verliert der sozialistische Staat seine «kulturell-erzieherische» Funktion, dann wird es Sache des Geisteslebens selbst sein, aus sich heraus die angemessenen Regelungen für die Rekrutierung seiner Leiter zu treffen. Es schafft sich dann seine eigene Zentralverwaltung und -vertretung, der es obliegt, gleichberechtigt mit den Vertretern des politischen Staates und der Wirtschaft zu kooperieren und zu verhandeln. Heute ist die Zeit herangereift, in der jedes Geistesleben mit *allen* seinen Gliederungen (also nicht nur ein paar Schriftsteller oder Lieblingsprofessoren der Politbürokratie), sobald es sich einmal ungehemmt entfalten darf, beinahe zwangsläufig die Tendenz zum kulturellen Austausch über die Staatsgrenzen hinweg entwickelt. Für die deutsche Kultur gilt diese Feststellung immer schon. Nur durch den Austausch über die Grenzen hinweg kann die «kulturelle Verödung» der sozialistischen Gesellschaft rückgängig gemacht werden.

Wirtschaftsleben

Was für das Geistesleben im Staatssozialismus gilt, trifft in
großen Zügen ebenfalls für die Zentralplanwirtschaft zu.
Welche für die Politbürokratie unüberwindbaren Hinder-
nisse bezüglich der Entfaltung wirtschaftlicher Initiativen
allein daraus entstehen, daß die Arbeitsteilung zwischen
leitender und ausführender Arbeit Herrschaftscharakter
angenommen hat, ist am Beispiel der Staatsplanung deutlich geworden. Deshalb gilt in der Ökonomie wie im Geistesleben: Je schneller der Staat hier durch die sozialistische
Gesellschaft zurückgenommen wird, um so besser.

Selbstverwaltung der Wirtschaft im Rahmen eines drei-
gegliederten sozialen Organismus würde zunächst bedeuten: Die Wirtschaft könnte endlich wieder ihrem eigenen
Takt folgen, brauchte sich also nicht mehr weiter um die
jeder Planmäßigkeit den Boden entziehenden Sonder- und
Prestigevorhaben der politischen Klasse zu kümmern.
Wirtschaftliche Tätigkeit würde sich anhand von Sachge-
sichtspunkten organisieren. Allein die formale Loslösung
der Wirtschaft vom Staat hätte also bereits ihre positiven
Wirkungen. Wer die sozialistische Wirtschaft im Alltag
erlebt hat, wird derlei Entlastungen der wirtschaftlichen
Tätigkeit gewiß nicht geringschätzen.

Zwar wäre damit wenigstens eine Quelle des wirtschaftlichen Durcheinanders und des Mißmuts bei den Produzenten verstopft, die dringend benötigte freie Initiative der
wirtschaftenden Menschen könnte so aber kaum durch-
greifend aktiviert werden. Um Initiative in großem Umfang freizusetzen, bedarf es schon einer Neuordnung der
Besitz-, Nutzungs- und Verfügungsbefugnisse über die
Produktionsmittel, in deren Rahmen diese soweit wie nur
möglich wieder an befähigte Menschen übertragen wer-

den. Es ist das zentrale Problem jeder Neuordnung des sozialistischen Wirtschaftslebens, daß der Grundsatz «Jeder
nach seinen Fähigkeiten» ernst genommen wird. Das aber
setzt Aneignungsbeziehungen voraus, in denen sich vom
Staat unabhängige freie Unternehmer (oder Gruppen von
Unternehmern) entwickeln können, *die keine Kapitalisten
sind und werden wollen.*

Wie ist das möglich? Wenn die Übertragung *operativen
Eigentums* an Produktionsmitteln auf freie Unternehmer
wegen ihrer Fähigkeiten erfolgt, nicht aber durch privaten
Kauf oder Erbschaft, dann ergibt sich daraus bereits, daß
diese Form des Eigentums dann endet, wenn sich die einmal vorausgesetzten Fähigkeiten nicht mehr bewähren;
dann z. B., wenn der Betrieb in Konkurs geht oder der Unternehmer in Rente. Ebenso ergibt sich daraus, daß die
Auslese dieser Wirtschaftskader ausschließlich nach Sach-
gesichtspunkten, keinesfalls aber nach Parteizugehörigkeit
oder ähnlichen Kriterien erfolgt. Die auf diese Weise neu
begründeten Fondsinhaberschaften verpflichten und be-
rechtigen die sozialistischen Unternehmensleiter dazu,
über die ihnen übergebenen Produktionsmittel zweckge-
richtet nach ökonomischen, sozialen und ökologischen
Kriterien zu verfügen. Operatives Eigentum in dieser
Form ist funktional und als Recht befristet, es verbleibt
nur so lange in der Verfügungsmacht des Unternehmers,
wie der es funktionsgemäß anwendet. Mit dem operativen
Eigentum verbindet sich also ein Rechtsregime, welches
ein originäres subjektives Bewirtschaftungsrecht beinhal-
tet und den Unternehmer dazu legitimiert, mit den von der
Gesellschaft übernommenen, separierten Fonds im eigenen Namen und für eigene Rechnung zu operieren, für
diese Fonds eigene Verantwortung zu übernehmen, über
ihren konkreten Bestand und die Verwertung der Fonds-

bestandteile zu disponieren und ihre Reproduktion zu gestalten. Über die Frage der Entlohnung sowohl des Unternehmers als auch des Betriebskollektivs wird von unabhängigen *gesellschaftlichen Räten* entschieden.

Was hier vorgeschlagen wird, ist in seiner formalen Struktur keineswegs so neu, wie es vielleicht dem ersten Blick erscheinen mag. Wir haben in der bestehenden Eigentumsordnung des Staatssozialismus derzeitig schon verschiedene Rechtsformen, die den angedeuteten Forderungen nach allergrößter Selbständigkeit im Wirtschaften weit entgegenkommen. So beruht z. B. die persönliche Hauswirtschaft der in der Land- und Nahrungsgüterwirtschaft Beschäftigten großenteils auf operativem Eigentum. (Ferkel und Kälber für die Mast, Wirtschaftsgebäude, Futtermittel, landwirtschaftlicher Boden sowie schweres Gerät zu seiner Bearbeitung werden über die Zeit der produktiven Mitarbeit in den Genossenschaften hinaus an deren Mitglieder übergeben – wohlbemerkt, es handelt sich dabei meistens nicht um den ehemals von Eltern oder anderen Angehörigen eingebrachten Boden usw.)

Der Ort der Verantwortung würde nach einer solchen Umgestaltung der Eigentumsverhältnisse endlich wieder dort liegen, wo man ihn trotz aller krampfhaften Bemühungen um die «Schaffung» eines sozialistischen Eigentümerbewußtseins, das ohne Übertragung von Eigentum eben nicht zu haben ist, niemals zu suchen wagte, weil man da immer nur Egoismus und materielle Begierden sehen wollte; er liegt dann wieder in der Person der Unternehmenden selber. Man muß natürlich Vertrauen in den sozialistischen Unternehmer setzen. Man muß Vertrauen haben, daß die erstarrten wirtschaftlichen Strukturen allmählich beweglicher werden und daß die Hauptkraft dieses Lockerungsprozesses ein erstarkender unternehmeri-

scher Mittelstand sein kann. Der unternehmerisch Wirtschaftende, der, weitestgehend unbehelligt vom Staat, wieder nach ökonomischen Motiven handelt, tritt in ein *näheres* Verhältnis zur wirtschaftlichen Praxis ein, als der im zentralisierten System der Lenkung und Leitung tätige Funktionär es jemals könnte. Auch der einzelne Unternehmer muß natürlich planen. Aber vor allem muß er gestaltend in das Betriebsgeschehen eingreifen. Das Geplante an das Wirkliche zu binden und durch diese Verbindung es zur Praxis zu vergegenständlichen, das ist ihm die Eigenart allen wirtschaftlichen Handelns, eine Eigenart, die bürokratisierte Berufsgruppen so nicht mehr kennen.

Bei der hier vorgeschlagenen Umgestaltung handelt es sich nicht um die Wiederbelebung kapitalistischer Strukturen. Ziel einer derartigen Neugestaltung des Wirtschaftslebens ist primär die Nutzung des sozialistischen Eigentums auf der Grundlage individueller Fähigkeiten, wodurch die bisher völlig unbefriedigende Effektivität und mangelnde Anpassungsfähigkeit unserer Ökonomik an die Bedürfnisse des Lebens gehoben werden soll. Die Umgestaltung des Wirtschaftsprozesses soll gewährleisten, daß möglichst alle vorhandenen, individuellen Fähigkeiten zugunsten der Gesellschaft mobilisiert werden. Die Einbringung dieser Fähigkeiten in das Wirtschaftsleben kann aber nur so erfolgen – darin besteht ja die entscheidende Lehre, die man aus der vierzigjährigen Praxis des deutschen Staatssozialismus ziehen muß –, daß die wirtschaftlich Befähigten sie aus ihrer freien Initiative heraus zur ökonomischen Wirksamkeit bringen. Was nicht der selbständigen Initiative entspringt, was letztlich nur durch bürokratische Apparate angewiesen wird, das wurde noch niemals unter Einsatz der ganzen Person realisiert, in der Wirtschaft ebensowenig wie anderswo.

Erst im Rahmen einer in dieser Form reformierten Eigentumsordnung des Sozialismus kann sich wieder auf breiterer Basis eine Gesinnung herausbilden, der es nicht mehr darum zu tun ist, auf die bequemste Art und Weise und bei möglichst geringer Leistung den größtmöglichen persönlichen Vorteil zu erlangen, sondern deren ganzes Streben wieder weit über den eigenen Nutzen und Egoismus hinausreicht. Es wäre dann gleichsam die Idee des Güterschaffens, des tatsächlichen Nutzens, die zum wesentlichen Antrieb wird. Eine solche Gesinnung kann mit Sicherheit nicht lediglich durch eine Erhöhung des Einkommens erzeugt werden. Eher schon resultiert der Antrieb zur Leistung aus dem schöpferischen Charakter wirklich unternehmerischer Arbeit. Das so manchen hochdotierten Künstlern nachgesagte Aperçu, sie würden selbst dann noch ihrer Kunst nachgehen wollen, wenn sie dafür etwas bezahlen müßten, beleuchtet wahrscheinlich in gewisser Weise die Lage vieler Menschen, die eine sie innerlich befriedigende Arbeit verrichten, besser als langatmige psychologische Erklärungen.

Es ist also keinesfalls primär die materielle Interessiertheit begabter Leiter, die mit der Schaffung operativen Eigentums angesprochen werden soll. Zwar hebt die Mehrheit der Kritiker des Staatssozialismus den mangelhaften Ausbau des geltenden Systems der materiellen Stimulierung in der sozialistischen Wirtschaft immer wieder hervor, womit dann zumeist auch gleich das Allheilmittel gegen deren Antriebsschwächen gegeben ist. Doch in der gegenwärtigen Situation drängen die sozialistischen Verhältnisse durchaus nicht mehr nur danach, die materiellen Begierden der Menschen anzustacheln, damit diese ihre Fähigkeiten für die Allgemeinheit anwenden. Wieder eigener Einsicht zu folgen beim Einsatz der persönlichen Fä-

higkeiten, darin dürfte für den freien Menschen wohl ein ganz anderer Anreiz liegen, als ihm das Geld jemals wird bieten können. In einem sich aus dem Geiste erneuernden Sozialismus würden die Hauptantriebskräfte für jedes Tun in letzter Instanz in einem aus dem freien Geistesleben herkommenden sozialen Verständnis wurzeln. Daraus aber werden Anreize ganz anderer Art gewonnen als aus der bloßen Befriedigung des materiellen Begehrungsvermögens.

Hier wird deutlich: Rücknahme des Staates und damit der Macht als Steuerungsmedium im System der Arbeitsteilung muß nicht zwangsläufig zur Erweiterung des Geldverkehrs führen, wenn Einkommen und Arbeit in bestimmter Weise auseinandergehalten werden. Mit der bloßen Erweiterung des Geldverkehrs und der Ausdehnung der Marktbeziehungen wäre vermutlich auch nur eine *Verschiebung* der bestehenden sozialen Probleme, nicht aber die Gesundung des ganzen Gesellschaftskörpers zu erreichen. Die Bedeutung der Macht und des Geldes wird in dem Maße reduziert werden, wie sich allmählich das Primat des Geisteslebens durchsetzt. Und je nachdem wie gut es aus dem Geistesleben heraus gelingt, die innere Kultur der Menschen zu entwickeln und den bisher naturwüchsig wirkenden Zwang des Haben-Wollens zu brechen, können humane Prinzipien in viele Lebensbereiche vordringen.

Mit der Eigentumsfrage ist der ökonomische Nerv jeder politbürokratischen Herrschaft getroffen. Aber gerade um die Eigentumsfrage kann sich keine Alternative zum Bestehenden herumdrücken. Wenn wir uns diesem Problem ernsthaft stellen, dann taucht unvermeidlich die Frage jeder Selbstverwaltung auf: Wer darf was entscheiden?

Verdeutlichen wir uns zunächst, welche gesellschaftlichen Verhältnisse überhaupt durch unternehmerisches Entscheidungsverhalten direkt betroffen sind, sobald es erst einmal zur Loslösung des geistigen und staatlichen Lebens von der Wirtschaft kommt. Selbstverwaltung der Wirtschaft heißt ja in diesem Rahmen nichts anderes, als daß sich der Gegenstand der Wirtschaftsleitung in der Organisation der Warenproduktion, des Warenaustauschs (mitsamt Ex- und Import) und des Warenkonsums erschöpft. Durch das mit diesem Wirtschaftskreislauf hergestellte Ordnungsgefüge darf jedoch nicht mehr länger, so wie das bisher der Fall ist, die Regelung der Rechtsbeziehungen der wirtschaftenden Menschen zueinander vorweggenommen werden. Die Rechtssetzung darf weder nur der Reflex der wirtschaftlichen Verhältnisse noch allein der Willensausdruck irgendeiner besonderen Berufsgruppe sein, selbst nicht in den Gestaltungen, in denen das Recht in den Wirtschaftsprozeß regulierend eingreift. Rechtsbeziehungen können in der Moderne nur noch auf demokratischer Grundlage geregelt werden, was aber die Mitwirkung aller Bürger, also auch der Bürger, die nicht im Arbeitsprozeß stehen, verlangt.

Damit sind bereits Grenzen gesetzt, über die hinweg unternehmerisches Entscheidungsverhalten nicht wirken kann und soll. «Wie die Natur Vorbedingungen schafft, die außerhalb des Wirtschaftskreises liegen und die der wirtschaftende Mensch hinnehmen muß als etwas Gegebenes, auf das er erst seine Wirtschaft aufbauen kann, so soll alles, was im Wirtschaftsbereich ein Rechtsverhältnis begründet von Mensch zu Mensch, im gesunden sozialen Organismus durch den Rechtsstaat seine Regelung erfahren, der wie die Naturgrundlage als etwas dem Wirtschaftsleben selbständig Gegenüberstehendes sich entfaltet.» [78]

Für die Menschen im Staatssozialismus ist es von größter Wichtigkeit, daß die in der Produktion, dem Austausch und der Konsumtion geltenden wirtschafts- und arbeitsrechtlichen Normen in einem von der Wirtschaft und ihrer Leitung unabhängigen sozialen Bereich, der nicht nur «Überbau» der Ökonomik ist, auf demokratischer Grundlage festgelegt werden. Denn erst, wenn das gesichert ist, besteht für sie die Garantie, daß die ihnen zugebilligten Rechte in ihrer Wirklichkeit nicht mehr durch täglich wechselnde Zweckmäßigkeitserwägungen eingeschränkt werden können.

Unternehmerische Tätigkeit, die nicht zu einer Restauration kapitalistischer Verhältnisse, sondern die statt dessen zur Vergesellschaftung der im Staatssozialismus verstaatlichten Ökonomie beitragen will, muß von vornherein sichern, daß die menschliche Arbeitskraft nicht zur Ware oder zum Objekt unternehmerischer Macht degeneriert. Gilt das erforderliche unternehmerische Handeln vorrangig dem Arbeitsprozeß sowie den produzierten Mitteln zur Bedürfnisbefriedigung, also der gebrauchswertmäßigen Seite des Wirtschaftens, und nicht so sehr dem Verwertungsprozeß, der Produktion von Mehrwert (bezogen auf Arbeit und Lohn) respektive von Profit (bezogen auf das investierte Kapital), ist die Gefahr gering, daß die Arbeit in unveränderter Form ihren Doppelcharakter beibehält und damit zur Ware werden kann. Soviel ist sicher: Man kann nicht im Zuge der Neugestaltung unserer Eigentumsverhältnisse die menschliche Arbeitskraft ihres Objektcharakters entkleiden wollen, wenn man nicht gleichzeitig eine Praxis betreibt, die das Interesse des sozialistischen Unternehmers gebrauchswertmäßig orientiert.

Wie ließe sich eine solche Praxis entwickeln? Für die ökonomische Umgestaltung in der hier gewiesenen Rich-

tung könnte als *Initialzündung* zur Umwälzung der staatssozialistischen Eigentumsbeziehungen die Neutralisierung des erwirtschafteten Mehrprodukts dienen. Wenn das Mehrprodukt als Bestandteil des Nationaleinkommens weder automatisch über den Staatshaushalt verteilt wird noch in das Privateigentum der Unternehmer übergeht, sondern in einem gesonderten Fonds der Gesellschaft konzentriert wird, entfällt die Möglichkeit, auf seiner Grundlage Staats- oder Unternehmermacht unkontrolliert aufzustocken. Wie das Mehrprodukt verteilt wird, in welchem Umfang mit Hilfe des Mehrprodukts konsumtive und kulturelle Bedürfnisse der Werktätigen innerhalb und außerhalb der Produktion befriedigt werden, welche Anteile des Mehrprodukts für die Erweiterung der Produktion, die Bildung von Reserven, als materielle Basis für die nichtproduktive Sphäre, für die Sicherung der Landesverteidigung, für die Wissenschaft, die Kultur und anderes Verwendung finden, kann die Politbürokratie nicht richtig entscheiden, das können auch sozialistische Unternehmer nicht bestimmen, das können allein *gesellschaftliche Räte* festlegen, in denen sämtliche betroffenen gesellschaftlichen Gruppen vertreten sind. Für eine den großen Menschheitsproblemen angemessene Fortentwicklung des Wirtschaftslebens ist die Schaffung wirklich gesellschaftlicher Räte unabdingbar. Nur sie könnten die Einseitigkeiten des bisher lediglich durch Macht- oder Marktinteressen gelenkten blinden Wirtschaftswachstums überwinden. Sie könnten die sozialen und umweltbedingten Kosten des Wirtschaftswachstums einigermaßen ehrlich kalkulieren, ohne dabei durch betriebliche oder politische Abhängigkeiten allzu sehr behindert zu sein.

Für die Vertiefung des gesellschaftlichen Charakters eines derartigen Entscheidungsgremiums ist es entschei-

dend, daß in jedem gesellschaftlichen Rat die Vertreter des freien Geisteslebens eine der überragenden Bedeutung ihres Bereichs entsprechende Position innerhalb des Interessenspektrums beziehen. Auf diese Weise wird die Gefahr in Grenzen gehalten, daß die Selbstverwaltung der Wirtschaft ähnlich wie in Jugoslawien lediglich zu einer Teilung der sozialökonomischen Macht zwischen der politischen Klasse auf der einen Seite und dem betrieblichen Management auf der anderen Seite führt. Gleichzeitig wird die gesamtgesellschaftliche Wirksamkeit des Geisteslebens enorm erhöht, da solche Räte dem Geistesleben die Gelegenheit bieten würden, seine kulturellen und sozialen Impulse in den Arbeitsalltag einzubringen. Zudem könnte sich das Geistesleben von der immer nur interessengeleiteten Finanzierung durch den Staatshaushalt befreien, da es seine Mittel direkt von der Gesellschaft erhalten würde. Es könnte seine eigene Praxisfremdheit verringern.

Aussagen über die Zukunft des Sozialismus, gerade auch die hier getroffenen Voraussagen über seine ökonomische Umgestaltung, werden wohl immer und in jeder Form Streit hervorrufen. Das ist nicht weiter überraschend. Aussagen über die Zukunft beweisen allerdings nicht zuletzt dadurch ihren Willen zur Sachlichkeit, daß sie sich dem Meinungsstreit stellen. Wir können in einem solchen Meinungsstreit nach Wahrheit streben, und wir werden das auch tun. Was wir aber niemals erreichen werden, ist Sicherheit! Alles was wir im Interesse der Wahrheit tun können, ist, daß wir uns jederzeit für andere Meinungen offenhalten und gegebenenfalls bereit sind, die eigene Auffassung zu berichtigen. In diesem Sinne rechnet die hier vorgeschlagene Umgestaltung der Wirtschaftsverhältnisse

nicht nur mit Zustimmung, sondern sie erwartet das kritische Gespräch. Das darf aber eben niemals heißen, daß wir, wie so viele Skeptiker meinen, mit unserem Denken an der Welt, so wie sie ist, haftenbleiben. Für diejenige Umgestaltung, um die es hier geht, kann es sich nicht um das reine Registrieren oder die glatte Fortschreibung des Vorhandenen handeln, sondern allein darum, die Praxis von morgen vorzudenken.

Macht man sich das ausreichend klar, dann ist auch der Gedanke einleuchtend: Alles, was bis hierher gesagt wurde, gründet sich nicht bloß auf die geforderte Neugestaltung des Eigentums an den Produktionsmitteln, sondern setzt in demselben Maße die Umgestaltung des menschlichen Bewußtseins der an diesem Prozeß Beteiligten voraus. Dem sichtbaren Werk der Umgestaltung der Produktionsverhältnisse muß, vielleicht weniger sichtbar, der nach innen hin verwandelte Mensch gegenüberstehen. Wirklich gültige Produktionsverhältnisse setzen in der Gegenwart die Weiterentwicklung der inneren Kultur des Menschen voraus, und die zu einer höheren inneren Kultur führende Verwandlung des Menschen erfordert immer auch die Steigerung unseres Bemühens um das uns in der Welt aufgegebene Werk. So bedingen sich innerer Weg und äußeres Tun stets wechselseitig.

Als wirklich gelungen könnte die in diesem Kapitel vorausgedachte Umgestaltung der Produktionsverhältnisse ohnehin nur dann gelten, wenn sie in vollendeter Weise praktisch in Gang setzt, was die Idee der Dreigliederung des sozialen Organismus verkörpern will. In diesem Sinne wären die gesellschaftlichen Räte nur dann eine wirklich gültige soziale Form, wenn sich in ihnen die Kräfte durchsetzen könnten, die aus ihrem Wesen heraus nach einer erneuerten Menschengemeinschaft streben.

Rechtsstaat und demokratisches Leben

Unmittelbar nach Kriegsende orientierte sich die Macht-
politik der Staatspartei in der DDR zunächst an der Idee,
der neugegründete Staat sei Ausdruck einer «Diktatur des
Proletariats». Besonders brauchbar war die Idee einer solchen «Diktatur» schon deshalb, weil man mit ihr ohne viel
Umschweife beinahe jede Ungesetzlichkeit rechtfertigen
konnte, sobald diese nur ein vermeintliches «Klasseninter-
esse» der Arbeiter- und Bauernklasse zu befriedigen
schien. Und, nicht zu vergessen, die Formel der «Diktatur» war bestens geeignet, noch die letzten Skrupel zu un-
terdrücken, die bei der Anwendung der Staatsmacht auf-
kamen. Stillschweigend aus dem Verkehr gezogen wurde
der Ausdruck erst, nachdem der sozialistische Staat bereits
in systematischer Form in allen Sphären der menschlichen
Tätigkeit seine Hierarchie proklamiert und praktisch
durchgesetzt hatte. Seither wurde weniger auftrumpfend,
dafür wissenschaftlich verbrämt von der «gesetzmäßig
wachsenden Rolle» des sozialistischen Staates bei der
Gestaltung der entwickelten sozialistischen Gesellschaft
gesprochen.

Obwohl erst unlängst auf der 6. Tagung des Zentral-
komitees der Staatspartei (1988) diese Formel durch das
gefälligere und propagandistisch reizvollere Etikett «Die
DDR – ein sozialistischer Rechtsstaat» ersetzt wurde, gilt
dennoch uneingeschränkt die Politik weiter, welche die
nunmehr propagandistisch verbrauchte Formel signalisie-
ren wollte. Noch immer fungiert der sozialistische Staat als
der «Wirtschafter» (wirtschaftlich-organisatorische Funktion) und «Volkserzieher» (kulturell-erzieherische Funktion). Im geltenden Programm der Staatspartei heißt es
dazu: «Der sozialistische Staat leitet die planmäßige Ent-

wicklung der Produktivkräfte der Gesellschaft, fördert den wissenschaftlich-technischen Fortschritt und das stetige Wachstum der Arbeitsproduktivität. Durch den Staat werden die sozialistischen Produktionsverhältnisse, die kameradschaftliche Zusammenarbeit und gegenseitige Hilfe, die sozialistische Gemeinschaftsarbeit der Werktätigen entwickelt, das Bildungs- und Kulturniveau und das sozialistische Verantwortungsbewußtsein erhöht. Immer größeres Gewicht erhalten die sozialpolitischen Aufgaben des Staates.»

Mit derartigen programmatischen Erklärungen umschreibt die Staatspartei durchaus realistisch den von ihr verantworteten Prozeß der Verstaatlichung unserer Gesellschaft. Der darin zum Ausdruck gebrachte Staatsfetischismus mußte, je länger dieser sich in der Praxis vergegenständlichen konnte, für die Lebensfähigkeit des sozialen Organismus immer bedrohlicher werden. Denn heutzutage entspringt das Gesellschaftsleben ganz anderen Quellen des sozialen Seins, als sie der Staat jemals erschließen kann.

Insoweit ist es leicht zu verstehen, warum das «Gefesseltsein an Boden und Maschinerie» mitsamt «Mauer», ja man könnte sagen, die «Geschlossenheit» der staatsbedingten Gesellschaft insgesamt, in gleicher Weise Ergebnis und Voraussetzung einer Verstaatlichung der Gesellschaft sind. Durch deren Verschmelzung mit dem Staat mußten sich schließlich proportional zu diesem Prozeß die beschriebenen Formen des außerökonomischen Zwangs in gesellschaftlichen Bereichen festsetzen, die sich vordem aufgrund ganz anderer Antriebskräfte entwickelt haben. Man kann sich ja gerade noch vorstellen, wie der sozialistische Staat die «Produktionsverhältnisse» entwickelt. Wie er jedoch mit «staatlichen» Mitteln die «kameradschaft-

liche Zusammenarbeit und gegenseitige Hilfe» fördern will, ist schwer vorstellbar. Was da nur immer wieder herauskommen kann, ist jenes scheinheilige Getue, das wir als ökonomische und kulturelle Selbstverpflichtungsbewegung zur Genüge kennengelernt haben und das kein Mensch mehr für voll nimmt. Man kassiert die ausgesetzten Prämien ab und redet nicht mehr darüber.

Der Prozeß der Verstaatlichung muß, wenn unser Gesellschaftskörper wieder gesunden soll, einem Prozeß der Vergesellschaftung weichen: der geforderten schrittweisen Verselbständigung des Wirtschaftens und des Geisteslebens. Was aber soll aus dem sozialistischen Staat werden, wenn dieser sich aus seinen bisherigen Tätigkeiten (Funktionen) im sozialen Organismus in dem genannten Umfang zurückzieht? Worin besteht dann seine «gültige» Gestalt? Im «Grunde» genommen, das heißt von seinem Wesen her gesehen, kann der Staat dann das werden, was er in der Mitte Europas ohnehin längst hätte sein sollen – Rechtsstaat.

Beileibe ist es nicht bloßer Laune geschuldet, wenn die Politbürokratie in ihren Sprachgebrauch neuerdings das Wort «Rechtsstaat» wieder aufgenommen hat, nachdem dieser Begriff für mehr als zwanzig Jahre auf dem Index stand, denn damit will man durchaus wenigstens verbal einer aus den Tiefen der Menschennatur immer lauter hervortönenden Forderung entsprechen und in gewisser Weise auch zuvorkommen. Schließlich kann es nur noch eine Frage der Zeit sein, bis die alternativen Kräfte im Staatssozialismus über das eklektizistische Einklagen einzelner Menschenrechte hinausgehen und ihre Gesellschaftsvorstellungen im Hinblick auf die Entwicklung unseres Staatswesens präzisieren. Dann erst wird die Forderung nach dem «Rechtsstaat» richtig gestellt sein.

Die Idee, daß die Bindung an das Recht jegliches staatliche Handeln begrenzt und eine Bürgschaft guten Regiments sei, gehört seit alters her zu jenen bleibenden Schöpfungen des deutschen Volksgeistes, die weder «klassengebunden» sind noch sich in ihrer Ausstrahlungskraft in nur einer Gesellschaftsepoche erschöpfen. Seit dem Mittelalter hören wir die Forderung, der Mensch solle unter der Herrschaft von Gesetzen, nicht aber von Menschen stehen. Das Wort und die Institution «Rechtsstaat» gehören daher zu jedem wahrhaft deutschen Staatsleben (die «rule of law» des englischen und das «règne de la loi» des französischen Rechtslebens haben sicher ähnliche, aber dann doch wieder sehr eigene Züge). Soll dem danach strebenden menschlichen Sehnen wahrhaftig entsprochen werden, kann das allein innerhalb einer in sich gleichberechtigten Rechtsgemeinschaft geschehen, die aus sich heraus die sozial wünschenswerten Rechtsvorstellungen und -normen schöpft. Ebenso wie der Staat nicht mehr länger «Wirtschafter» sein kann, darf natürlich niemals an seiner Stelle die Wirtschaft zum «Gesetzgeber» werden. Grundsätzlich kann für sich genommen nicht einmal die «ökonomische Lage» in letzter Instanz zur Begründung rechtlicher Normen führen, wenn die kardinalen Fehler des Jahres 1961 zukünftig vermieden werden sollen. Damals hatten ja nicht zuletzt die ökonomischen Bedingungen dazu geführt, daß die Produzenten scharenweise abgewandert sind. Aber anstatt den Staat aus der Wirtschaft zurückzunehmen (was nachher kurzzeitig mit dem «Neuen Ökonomischen System» versucht wurde) und dem Wirtschaftsleben die Rekonstruktion der mißratenen Ökonomie zu überantworten, wurde – als Antwort auf die «ökonomische Lage» – mit der «Mauer» ein Rechtsregime geschaffen, welches, gerade weil es allzu offensichtlich der

wirtschaftlichen Misere geschuldet war, den Gerechtig-
keitsvorstellungen der meisten Menschen ins Gesicht
schlug.

Darum muß sich in einem gesunden gesellschaftlichen
Organismus *neben* der ökonomischen Basis und in Selbständigkeit dazu, also nicht lediglich als deren juristischer
und politischer «Überbau», ein Leben entfalten, in dem
die normativen Grundlagen beschlossen werden, auf denen alle anderen Bereiche der Gesellschaft wirken. Als Inbegriff der Beziehungen aber, welche die Menschen unter
vernünftigen Rechtsgesetzen eingehen, darf der Rechtsstaat gelten. Denn zumindest für jedes Staats- und Gesellschaftsleben im Herzen Europas – und zwar in Ost wie
West – kann er allein gültige Richtlinien dafür aufstellen,
welche Einrichtungen dienlich sind, um einer Überhand-
nahme der Staatsgewalt vorzubeugen und die Staatsgewalt in vernünftigen Grenzen zu halten. Der hier darge-
stellten Idee zufolge wäre der Rechtsstaat idealtypisch
gesehen zunächst erst einmal praktisch nichts anderes als
die nach der Entflechtung des Staats-, Wirtschafts- und
Geisteslebens entstehende Rechtsordnung. Die nach
Durchführung der Dreigliederung dem Staat verbleibenden Funktionen Gesetzgebung und Verwaltung würden
dann wieder zu reinen «Rechtsfunktionen».

Fruchtbar geworden ist die Rechtsstaatsidee in der Vergangenheit immer nur in den Abschnitten der deutschen
Geschichte, wenn diese Idee sich mit einer verbreiteten demokratischen Gesinnung verbünden konnte. Deshalb ist
es ein politischer Etikettenschwindel ersten Ranges, wenn
die Staatspartei den gegenwärtigen sozialistischen Staat
zum «Rechtsstaat» erklärt und sich gleichzeitig gegen das
Aufkommen jeglicher demokratischer Bestrebungen innerhalb wie außerhalb ihrer Reihen mit Gewalt zur Wehr

setzt. Die Schwäche der deutschen Rechtsstaatsidee war es seit jeher, daß dem Schutz der Individualrechte und der Beachtung strenger Gesetzlichkeit eine grundlegendere Bedeutung beigemessen wurde als dem für den Bestand des Rechtsstaates selber zentralen Moments einer demokratischen Verfassung. Aber spätestens seit dem Ende der gerade diese Schwäche offenbarenden Weimarer Republik wissen wir allmählich immer besser zu unterscheiden zwischen der bloßen Legalität, die auch eine ordentliche Despotie mit ihren Verwaltungsmaßnahmen in bestimmtem Umfang wahren will, und einem mehr inhaltlichen Begriff des «Rechtsstaats», der die Sicherung der subjektiven Rechte mit demokratischen Formen der Einflußnahme auf die Macht verbindet. Dadurch aber rückt die Idee des Rechtsstaats in die unmittelbare Nähe dessen, was wir den demokratischen Geist einer Gesellschaft nennen können, und dieser trägt wahrscheinlich in der alltäglichen Praxis am wirkungsvollsten dazu bei, die Staatsmacht in ihr angemessenen Grenzen zu halten.

Die Forderung, «daß *alle* zusammen über einen jeden, mithin auch über sich selbst gebieten» (Kant), ist in der Mitte Europas seit Jahrhunderten immer überzeugender vertreten worden, so daß es hier nur eine Frage der Zeit bleiben konnte, wann sich die demokratische Idee mit dem Rechtsstaatsgedanken verbindet. In diesem dritten Glied, im politisch-rechtlichen Staatsleben, muß die Gleichheit vor dem Gesetz und die Gleichheit der Bürger untereinander herrschen. Hier wird verhandelt und verwaltet, worüber jeder mündige Mensch gleichermaßen urteilsfähig ist.

Man muß sich darüber klar sein, daß weder der Rechtsstaat noch die Demokratie im Sozialismus «gesetzmäßige» Entwicklungen sind, die historisch unabdingbaren Not-

wendigkeiten entsprechen, denn wäre es so, dann würden unsere Verhältnisse nicht die sein, die sie gegenwärtig sind. Rechtsstaat und Demokratie sind gewolltes und hergestelltes Menschenwerk, also offene und entwicklungsfähige Formen menschlichen Verkehrs. Weil das so ist, müssen wir uns aber auch immer wieder neu fragen, worin die vernünftige Begrenzung des demokratischen Prinzips liegen könnte. Wir benötigen die Demokratie für unsere soziale und politische Selbstverteidigung, für die Durchsetzung einer Gesellschaftsordnung, in der man uns nicht weiterhin «einmauern», entmündigen und mit Hilfe des Geheimdienstes schurigeln kann. Wir brauchen aber die Demokratie dort nicht, denn da wäre es dann wieder nur die übliche scheinheilige Form, wo, wie etwa im freien Geistesleben, die natürliche Begabung erforderlich ist, wo man also mittels Mehrheitsentscheidungen gar nicht zu vernünftigen Entscheidungen kommen kann.

Das zu begreifen fällt schwer. Gemeinsam mit unseren Meisterdenkern sind wir leider allzu lange der Illusion nachgerannt, es sei vorteilhaft und die Menschen wünschten sich das auch, daß noch bis in die letzte «Küche» des Landes hinein demokratisiert würde. Derweilen konnten wir schon nicht einmal mehr «jenen unendlich kleinen Bruchteil an Macht» wahrnehmen, den noch der verkommenste Parlamentarismus seinen Wahlvolk zugesteht und den der Staatssozialismus bis heute den Menschen vorenthält.

Von Jalta zur Emanzipation der Deutschen

Jedes Nachdenken über die Bedingungen und Voraussetzungen alternativen Handelns im Inneren der sozialistischen Gesellschaft verlangt von uns, der äußeren Lage, in der sich der Staatssozialismus in Deutschland befindet, genügend Beachtung zu schenken. Der Deutsche in Weimar und Dresden empfindet inzwischen schmerzlich genug, wenn er nicht völlig abgestumpft ist, wie sehr unser Gesellschaftskörper in der Zwangsjacke von Jalta zusammengeschnürt wird und allmählich jede Form verliert. Es bleibt deshalb gar nichts anderes übrig, als an der Veränderung der Verhältnisse mit dem Ziel zu arbeiten, daß die innere Gliederung unseres sozialen Organismus wieder möglichst uneingeschränkt durch seine eigenen Kräfte bestimmt wird und nicht mehr weiter durch den militärischen Status quo, der im Ergebnis der Kriegskonferenzen Roosevelts, Churchills und Stalins (Teheran 1943, Jalta 1945) in die Architektur der Staaten Osteuropas übersetzt wurde. Eiserner Vorhang, Mauer und Stacheldraht – das sind bis in die Gegenwart die Symbole einer Machtlogik, die drei alte Männer in Jalta ausgeheckt haben. Symbole einer bipolaren Weltgeschichte, die auf dem Gegensatz zwischen der Sowjetunion und Amerika beruht.

Jalta wollte den Westen wie den Osten gleichermaßen gegen die Deutschen in der Mitte Europas vereinen. Herausgekommen ist der andauernde Ost-West-Konflikt. Der aber verhindert nicht nur, daß allein die Deutschen «ihre Mitte» weiterhin verfehlen.

Das Festhalten an Jalta hat keine Zukunft mehr, denn es sichert nurmehr die Bestandserhaltung der politbürokratischen Macht. Weil das mittlerweile der letzte Dummerjahn begriffen hat, haben die Erben von Jalta selber die

Rede vom «gemeinsamen Haus Europa» übernommen, um so den Anschein zu verbreiten, ihre Politiken zielten wirklich auf die Überwindung der Spaltung. Begreifen wir aber nicht baldigst, was sich hier in der Mitte Europas an Neuem herausringen will, dann könnte in einer Stunde der russischen Schwäche Revanchismus und Nationalismus unter den osteuropäischen Völkern um sich greifen. Niemals dürfen wir vergessen, ungeklärte Verhältnisse in der Mitte Europas haben schon zweimal in einen Weltkrieg geführt.

Unter diesen Voraussetzungen müssen wir uns die Frage stellen: Wie kann in der deutschsprachigen Mitte Europas ein Zustand herbeigeführt werden, der sowohl den berechtigten Wünschen der Deutschen nach einem in jeder Hinsicht unbehinderten und selbstbestimmten Verkehr miteinander und mit anderen Völkern Rechnung trägt, der aber andererseits auch die Ängste der Nachbarvölker vor einer Wiederholung der Geschichte ernst nimmt?

Einem geordneten Zustand freien Meinungs-, Wirtschafts- und Lebensverkehrs steht gegenwärtig in der Mitte Europas nichts ärger im Wege als die im Ergebnis von Jalta zustande gekommene imperial-nationalistische Organisationsform der mittel- und osteuropäischen Länder des Sozialismus. Schon die oberflächliche Beurteilung des grenzüberschreitenden Verkehrs unter dieser Fragestellung ergibt, wie sehr gerade in diesem Teil der Welt, und zwar ganz im Gegensatz zur Tradition der betroffenen Völker, der Staat noch immer «so etwas wie eine verhärtete Haut ist, eine geschlossene Fläche, welche den größeren Teil der in ihrem Raum wirkenden Kräfte nach innen zurückwirft und nur den weitaus kleineren durchläßt...»[79] Deshalb bleibt nur die Möglichkeit, alles an diesem «Isola-

tor» sich vorbei Entwickelnde zu fördern und den Gedanken an die endgültige Überlebtheit der nationalstaatlichen Organisationsform menschlichen Zusammenlebens zu vertiefen. Die entwickelte Idee der Selbstverwaltung der drei Glieder des sozialen Organismus weist in diese Richtung. Von einem gründlich erneuerten Geistesleben zusammengehalten, welches seine Überzeugungskraft aus der Kontinuität der mitteleuropäischen Kultur schöpft, sollen dieser Idee zufolge ja die einzelnen Bereiche des gesellschaftlichen Lebens sich selbst im Hinblick auf ihre inneren *und äußeren* Beziehungen verwalten dürfen. Die damit zugleich einhergehende Entflechtung politischer und wirtschaftlicher Macht würde zwangsläufig allen eventuellen imperialen Gelüsten die Grundlage entziehen.

Ein aus der «Vormundschaft» des Staates befreites Geistesleben würde zudem die in seinem Energiefeld lebenden Menschen bestimmt nicht mehr länger zur «Nationalität», sondern nurmehr zu wahrer Menschlichkeit erziehen. Es ist ja ohnehin seit jeher eine deutsche Besonderheit gewesen, daß wir die Nation «von unten» nie richtig zuwege gebracht haben. Auch die «sozialistische deutsche Nation» ist ein Abstraktum geblieben. Deutschland war und ist immer mehr oder weniger als eine Nation gewesen. Schon in den «Xenien» heißt es deshalb: «Zur Nation euch zu bilden, ihr hofft es, Deutsche, vergebens, bildet, ihr könnt es, dafür freier zu Menschen euch aus...» Und Marx schrieb: «Die *Emanzipation des Deutschen* ist die *Emanzipation des Menschen*.» [80] In gewisser Hinsicht sind beide Sätze noch immer wahr. Nur wenn wir selber uns zu freieren Menschen ausbilden und in diesem Prozeß die geographische Lage in der Mitte Europas im Interesse der Überwindung seiner Spaltung in eine geschichtliche Funktion verwandeln, können wir die Zwangsjacke von Jalta loswerden.

Unser Ziel muß es sein, die «deutsche Misere» durch die Teilhabe an einem Bund deutscher Sprachgebiete in der Mitte eines freien Europas zu überwinden. Gewiß, solch ein «Bund» wäre mit dem Begriff der «Wiedervereinigung» nicht zu erfassen. Unter der Voraussetzung einer kulturellen Einigungsbewegung, welche die Losung vom «gemeinsamen Haus Europa» verwirklichen will, wäre es auch völlig gleichgültig, mit Hilfe welcher staatsrechtlicher Konstruktionen man den verbleibenden deutschen Besonderheiten Rechnung trägt. Allerdings böte, was die inneren Verhältnisse betrifft, die Dreigliederung des sozialen Organismus und die Selbstverwaltung seiner Glieder wohl die besten Möglichkeiten, um die «verhärtete Haut» endlich abzulegen, damit sich die bisher durch den Staat in der Mitte und im Osten Europas nach innen zurückgeworfenen Kräfte in einen freien menschlichen Austausch einbringen könnten. Auf diese Weise wäre es den Deutschen möglich, sich durch das verstehend-schätzende Heranholen der östlichen und westlichen Ideen, Werte und Lebensformen und deren Ausgleich selber zu freieren Menschen auszubilden. Wie sich in der Schweiz germanische und romanische Kulturströmungen gegenseitig bereichert haben, genauso könnte auf deutschem Boden der Gegensatz zwischen dem Osten und dem Westen zum Ausgleich gebracht werden.

Ernst Niekisch, der «rote Preuße», hat wohl als einer der ersten darüber geschrieben, wohin ein eigener Weg Deuschlands jenseits der Blöcke führen könnte. Unter gesamteuropäischen Vorzeichen gewinnen seine perspektivischen Vorstellungen über ein deutsches Zentrum unseres Kontinents in bemerkenswerter Weise an Überzeugungskraft. Nach Niekisch hängt die Zukunft der Deutschen davon ab, und zwar der Deutschen in West und Ost, ob diese

den historischen Auftrag des «versöhnlichen Ausgleichs» in der Mitte Europas für sich akzeptieren oder nicht. «Erstrebt Deutschland die Stellung einer großen europäischen Schweiz, dann schließt das für das deutsche Volk die Selbstbescheidung ein; es muß sich bewußt auf einen kleinen politischen Fuß umstellen, es muß insbesondere begreifen, daß ihm keine kriegerischen Lorbeeren mehr winken, daß es künftighin seinen Ruhm ausschließlich in moralischen und kulturellen Taten zu suchen hat. (…) An der Frage, ob der Deutsche noch Erneuerungskraft genug in sich habe, sich vom menschlichen Leitbild des physischen Helden abzukehren und sich dem des moralischen zuzuwenden, hängt das Zukunftsschicksal des deutschen Volkes.» [81]

ANMERKUNGEN

Als Autor fühle ich mich drei zeitgenössischen Denkern gegenüber zu besonderem Dank verpflichtet – *Rudolf Steiner, Jürgen Habermas* und *Rudolf Bahro*. Sie haben mich in meinen Ansichten stark beeinflußt. Ich hoffe, daß dieser Einfluß auch für andere jederzeit erkennbar ist, selbst wenn ich gerade diese Autoren nicht zitiere.

1 Immanuel Kant, Von den Träumen der Vernunft, Kleine Schriften zur Kunst, Philosophie, Geschichte und Politik, Leipzig und Weimar, S. 225

2 Eduard Gans, Philosophische Schriften, Berlin 1971, S. 308

3 Georg Lukács, Über die Vernunft in der Kultur, Ausgewählte Schriften 1909–1969, Leipzig 1985, S. 17

4 Karl Marx, Friedrich Engels, Werke 1 (nachfolgend als MEW), Berlin 1964, S. 385

5 MEW 9, S. 221, 133, vgl. auch DZfph 1983, H. 11, S. 1249

6 Gustav Schwab, Die schönsten Sagen des klassischen Altertums, Bd. 1, Leipzig 1977, S. 30 ff

7 Tocqueville, Die Demokratie in Amerika, deutsch nach Rüder, 1836, zitiert bei Karl Jaspers, Vom Ursprung und Ziel der Geschichte, Frankfurt 1957, S. 138/139

8 Nikolai F. Beltschikow, Dostojewski im Prozeß der Petraschewzen, Reclam Bibliothek Leipzig 1977, S. 133

9 Lenin, W. I., Werke, Berlin 1955 ff (nachfolgend als LW), Bd. 15, S. 45; vgl. weiterhin Formationstheorie und Geschichte, Berlin 1978, hg. von Ernst Engelberg und Wolfgang Küttler

10 MEW 19, S. 385

11 Rosa Luxemburg, Gesammelte Werke (nachfolgend als GW), Dietz Verlag Berlin, Bd. 1, Zweiter Halbband S. 424

12 GW 1, zwt. Hb. 423/424

13 GW 1, zwt. Hb. 424

14 GW 1, zwt. Hb. 425
15 GW 1, zwt. Hb. 425/426
16 GW1, zwt. Hb. 428
17 LW 7, S. 400/401
18 GW 1, zwt. Hb. S. 443
19 GW 4, S. 359
20 GW 4, S. 362
21 MEW 3, S. 73
22 Karl Marx, Grundrisse der Kritik der politischen Ökonomie (Roh-entwurf), Berlin 1974, S. 18
23 Hermann Hesse, Der Steppenwolf, Berlin und Weimar 1978, S. 31
24 Rainer Maria Rilke, Werke in drei Bänden, hg. von Horst Nalewski, 2. Bd., Frankfurt a. M. 1978, S. 855/856
25 Christa Wolf, Ins Ungebundene gehet eine Sehnsucht, Prosa und Es-says, Berlin und Weimar 1986, S. 381
26 Ebenda, S. 376
27 MEW 3, S. 62
28 Georg Wilhelm Friedrich Hegel, Grundlinien der Philosophie des Rechts oder Naturrecht und Staatswissenschaft im Grundrisse, hg. von Hermann Klenner nach der Ausgabe von Eduard Gans, Berlin 1981, S. 220
29 Jean-Jacques Rousseau, Der Gesellschaftsvertrag, Leipzig 1978, S. 43
30 Hermann Klenner, Marxismus und Menschenrechte, Studien zur Rechtsphilosophie, Berlin 1982, S. 157
31 Ebenda, S. 30
32 Immanuel Kant, a. a. O., s. 229
33 Ebenda, S. 230, 372
34 Vgl. etwa Karl Jaspers, Vom Ursprung und Ziel der Geschichte, Frankfurt a. M. 1957, S. 171
35 Karl Marx, Das Kapital, Erster Band, Berlin 1977, S. 377/378
36 Karl Marx, Das Kapital, Dritter Band, a. a. O., S. 397
37 Ebenda
38 Karl Marx, Zur Kritik Der Politischen Ökonomie (Manuskript 1861–1863), Text Teil 4, Berlin 1979, MEGA, Zweite Abt., S. 144
39 Alexander Mitscherlich, Anstiftung zum Unfrieden, Frankfurt a. M. 1965, S. 43
40 Ethiker-Konferenz zur sittlichen Erziehung, Bericht von U. Wilke, DZfph, 1980, S. 727
41 Ebenda
42 Aristoteles, Eudemische Ethik, übersetzt und kommentiert von Franz Dirlmeier, Berlin 1984, S. 105; vgl. auch Platon, Politeia, Sämtliche Werke 3, a. a. O., S. 287
43 Karl Kautsky, Das Erfurter Programm, Berlin 1965, S. 167
44 LW 25, S. 489

45 Gerhard Riege, Die Staatsbürgerschaft der DDR, Berlin 1982, S. 93
46 Gerhard Riege, Überlegungen zum sozialistischen Verfassungsbewußtsein, Neue Justiz 1985, S. 41
47 MEW 1, S. 58
48 Karl Ferdinand Hommel, Des Herrn Marquis von Beccaria unsterbliches Werk von Verbrechen und Strafen, Berlin 1966, alle Zitate S. 141/142
49 MEW1, S. 113
50 Andrej J. Wyschinski, Gerichtsreden, Berlin 1951; dazu weiter: Prozeß gegen die Leitung des staatsfeindlichen Verschwörerzentrums mit Rudolf Slánský an der Spitze, hg. in deutscher Sprache, Orbis Prag, Justizministerium; Der Rákosi-Prozeß, Berlin 1951
51 Eduard Gans, a.a.O., S. 178
52 Friedrich Schiller, Über Kunst und Wirklichkeit, Schriften und Briefe zur Ästhetik, Leipzig 1985, S. 330
53 C. G. Jung, Grundfragen zur Praxis, Grundwerk, Olten 1984, S. 276
54 Peter Hacks, Essais, Leipzig 1984, S. 152
55 Friedrich Schiller, a.a.O., S. 329
56 Václav Havel, Versuch, in der Wahrheit zu leben, Reinbek 1980, S. 17/18
57 MEW 21, S. 287, MEW 4, S. 131, 132, 140
58 Ethik, VEB Deutscher Verlag der Wissenschaften, Berlin 1968, S. 185
59 Ebenda
60 Jakob Böhme, Der Weg zu Christo, Buch 6, § 36, 37
61 Platon, a.a.O., Bd. 3, Phaidon, S. 19
62 Wolfgang Huber, Protestantismus und Protest, Reinbek 1987, S. 12/13
63 Dietrich Bonhoeffer, Widerstand und Ergebung, Briefe und Aufzeichnungen aus der Haft, München 1985
64 Ebenda
65 Karl Marx, Der Bürgerkrieg in Frankreich, Ausgewählte Schriften in 2 Bänden, Bd. 1, Berlin 1951, S. 497
66 Ehrhart Neubert, Reproduktion von Religion in der DDR-Gesellschaft, Hg.: Theologische Studienabteilung beim Bund der Evangelischen Kirchen in der DDR, 1986, S. 56
67 Günter Bransch, Kirche auf dem Weg, Perspektiven der evangelischen Kirche in der sozialistischen Gesellschaft, Versuch einer Einschätzung, Berlin 1987, S. 34; die Schrift kann in ihrem Inhalt als repräsentativer Querschnitt gelten.
68 MEW, S. 357
69 C.G. Jung, Antwort auf Hiob, Werke XI, S. 496/497, zitiert in: Eugen Drewermann, Tiefenpsychologie und Exegese, Bd. I, Olten und Freiburg im Breisgau 1984, S. 33
70 Dieter Bassermann, Der späte Rilke, München 1947, S. 343

71 Walter Benjamin, Über das Programm der kommenden Philosophie, in: Zur Kritik der Gewalt und andere Aufsätze, Frankfurt a. M. 1965, S. 15

72 Jean E. Charon, Der Sündenfall der Evolution, Wien 1987, S. 12

73 Platon, Sämtliche Werke Bd. 6, Nomoi, Reinbek 1975, S. 92

74 Ebenda

75 Z. B. enthält das Sachregister des vom Minister für Hoch- und Fachschulwesen im Oktober 1985 herausgegebenen Ethik-Lehrbuchs für die Ausbildung an Universitäten und Hochschulen das Stichwort «Zivilcourage» erst gar nicht.

76 Karl Marx, Kritik des Gothaer Programms, in: Ausgewählte Schriften Bd. 2, Berlin 1952, S. 24

77 Wilhelm von Humboldt, Über die Kawisprache, Bd. 3, S. 462, zit. nach: Alexander von Humboldt, Gesammelte Werke, Erster Band, Stuttgart, S. 264

78 Rudolf Steiner, Die Kernpunkte der sozialen Frage, S. 57

79 Robert Musil, Essays Reden Kritiken, hg. von Anne Gabrisch, Berlin 1984, S. 214

80 MEW Bd. 1, S. 391

81 Ernst Niekisch, in: Die Linke und die nationale Frage, Dokumente zur deutschen Einheit seit 1945, Reinbek 1981, S. 72

WARUM ICH DIESES BUCH GESCHRIEBEN HABE

Ich wünsche mir, daß dieses Buch zu Diskussionen Anlaß gibt: Diskussionen über den Ursprung, das Wesen, die Funktionsweise des bürokratischen Sozialismus, wie wir ihn heute in der DDR und den anderen Staaten des Warschauer Paktes erleben – und über den Weg in eine bessere Zukunft. Bei einer grundsätzlichen Kritik des Staatssozialismus liegt es in der Natur der Sache, daß sie über weite Strecken theoretisch und abstrakt gefaßt ist. Und doch war die Arbeit an diesem Buch für mich alles andere als ein akademisches Unternehmen: Es ist vor allem auch ein Produkt der Auseinandersetzung mit meinen eigenen politischen Erfahrungen als Bürger der DDR, als langjähriges Mitglied der SED. Ich will deshalb dieses Nachwort nutzen, um meinen persönlichen Werdegang und damit die Entwicklung meines politischen Denkens zu erläutern. Ich hoffe, daß dadurch auch die praktische politische Bedeutung mancher Gedankengänge verständlich wird, die auf den ersten Blick wie reine Theorie erscheinen mögen.

Man hat mich mehrfach gefragt, weshalb ich solchen Wert auf den marxistischen Gedanken der «ökonomischen Gesellschaftsformation» lege. Hätte ich mir nicht zum Vorteil des Lesbarkeit des vorliegenden Textes so manche diesbezügliche Passage ersparen können? Ich glaube

nicht. Denn es geht bei den Erörterungen der «ökonomischen Gesellschaftsformation» und des damit in engstem Zusammenhang stehenden Ost-West-Gegensatzes um mehr als nur um irgendeine marxistische Denkfigur. Es geht um die entscheidende Grundfrage, ob in der Geschichte der Menschheit der Staatssozialismus, und zwar so, wie wir ihn kennengelernt haben, tatsächlich weltweit die nächste Stufe der gesellschaftlichen Entwicklung nach der bürgerlichen Gesellschaft darstellt oder nicht. Wenn es denn stimmt, daß – wie Kant gesagt hat – «...das menschliche Geschlecht im Fortschreiten zum Besseren immer gewesen sei, und so fernerhin fortgehen werde...», ist dann der real existierende Sozialismus dieser Fortschritt zum Besseren? Hat er sich in Theorie und Praxis als die *Nachfolgeformation* gegenüber dem Kapitalismus bewährt?

Viele Menschen können sich wahrscheinlich nur schwer vorstellen, wie sehr ich (und mit mir viele Genossen) vor noch gar nicht allzu langer Zeit die Gegenwart aus der Geschichte heraus begründen und begreifen wollte. Meine Freunde und ich, wir haben zeitweilig geradezu im Bann der Geschichte gelebt. Nicht selten fühlten wir uns in unserem politischen Handeln von «dämonischer Notwendigkeit» getrieben als die «prädestinierten Knechte, womit der höchste Weltwille seine ungeheuren Beschlüsse durchsetzt», um es mit Heinrich Heines Worten zu sagen. Als prädestinierter Knecht des Weltwillens kann sich natürlich nur der richtig fühlen, der guten Glaubens ist. Und guten Glaubens waren wir, wenigstens zeitweilig. Ich habe wirklich daran geglaubt, daß die Gesellschaftsformation, in der wir leben, der praktische Fortschritt sei gegenüber dem kapitalistischen Westen; selbst wenn die spezifische Form, in der sich der Sozialismus im einzelnen konkret verwirklichte, zuerst durch «Geburtswehen», später hieß

es dann «durch Deformationen» unübersehbar verunstaltet war.

In einer solchen entwicklungslogischen Borniertheit befangen, haben wir nach dem 13. August 1961 unablässig die Formationsgeschichte bemüht, um die mit dem Bau der Mauer einhergehende Unterdrückung zu rechtfertigen. Der Bau der Mauer war damals für mich durchaus eine notwendige, wenngleich vorübergehende Maßnahme politischer Machtausübung. Mit ihrer Hilfe wollten wir ja die Voraussetzungen schaffen, damit sich die Gesetzmäßigkeiten des Sozialismus unter den Bedingungen der Ost-West-Konfrontation ungestört entfalten konnten. Der Sozialismus sollte, wie wir unentwegt beteuerten, die Chance erhalten, in einem Industrieland im Herzen Europas seine Überlegenheit zu beweisen. An die Möglichkeit, daß die Mauer über Jahrzehnte hinweg Bestand haben könnte, daran dachte kaum jemand. Allgemeiner Konsens unter uns war: Die mit der Mauer verbundenen, bedrückenden Beschränkungen unserer Freiheit waren deshalb gerechtfertigt, weil sie im Interesse eines in naher Zukunft zu erzielenden Freiheits- und Demokratiegewinns erfolgten. Anders wären derlei Maßnahmen auch kaum mit dem Gedanken der historischen Formationsabfolge Kapitalismus–Sozialismus vereinbar gewesen; denn diese Abfolge wurde stets als stufenweises Voranschreiten des Menschengeschlechts auf dem Wege zur Freiheit begriffen. (Mit welcher Überzeugung wir damals am Ende der Parteiversammlungen «Brüder zur Sonne, zur Freiheit» gesungen haben, kann sich heute wahrscheinlich niemand mehr vorstellen.)

Es mag einer heute nur schwer verständlichen politischen Naivität geschuldet gewesen sein: Doch in der Mitte der sechziger Jahre gewann ich tatsächlich den Eindruck, die politökonomischen Verhältnisse in der DDR würden

sich auf der ganzen Linie zum Besseren wenden. In den Betrieben und Kombinaten wurden damals ansatzweise Formen der Arbeiterselbstverwaltung ausprobiert (Produktionskomitees, gesellschaftliche Räte). Und unser Rechtswesen wurde gründlich reformiert.

Erst mit dem Einmarsch deutscher Truppen in die ČSSR wurde mein Glaube an die historische Überlegenheit des Sozialismus in seinen Grundfesten erschüttert. Gewiß waren Ethik und Politik seinerzeit durchaus nicht dasselbe für mich, aber wo sie derart zugespitzt in Gegensatz zueinander geraten konnten wie in Prag 1968, da konnte es, dachte ich mir, nicht allzuweit her sein mit dem Fortschritt zum Besseren. Schlagende Argumente konnte ich damals dem Gerede von der Konterrevolution, welches sich wiederum auf die marxistische Formationslehre stützte, noch nicht entgegensetzen. Dennoch: 1968 ist mir klargeworden, daß die marxistische Geschichtsauffassung in dieser konkreten Situation nurmehr beschworen wurde, um das imperialistische Machtgebaren der Politbürokratie zu legitimieren.

Noch fehlte es uns allerdings an einer wirklichen gedanklichen Durchdringung des historischen Geschehens. Die brachte erst Jahre später Rudolf Bahros Buch «Die Alternative». Dieses Buch begeisterte mich, mit ihm war der ideologische Bann endgültig gebrochen: Bahro beschrieb den Weg der meisten sozialistischen Länder als einen Entwicklungspfad, der seinen *Ursprung* in der Hinterlassenschaft der «asiatischen Produktionsweise» hatte. Eine Epoche des Kapitalismus hatten diese Länder nie durchschritten.

Bald jedoch wurde mir klar, wie inkonsequent und dem alten Schematismus verhaftet Bahro mit seinem Ansatz blieb, wenn er unsere Verhältnisse charakterisierte «als

protosozialistisch, d. h., wir haben Sozialismus im Larvenstadium». Für mich stand nach dem Lesen der «Alternative» fest: Wir haben keinen Sozialismus im Larvenstadium, sondern wir leben in der Gesellschaftsform, die weltweit gesehen das Erbe der «asiatischen Produktionsweise» angetreten hat. Nach dieser Vorstellung ist der Sozialismus nicht mehr die Nachfolgeformation des Kapitalismus; er ist, jedenfalls in der Form, in der er in der Wirklichkeit existiert, allgemeiner Ausdruck eines selbständigen (industriellen) Entwicklungspfades der «östlichen Welt».

Rein äußerlich betrachtet zeigte sich mir in dieser Sichtweise der Hauptwiderspruch unserer Epoche, der Gegensatz zwischen Sozialismus und Kapitalismus, als die aktuelle Form des seit der Antike bestehenden Ost-West-Gegensatzes. Vorbedingung für den in der Gegenwart lebensnotwendig gewordenen Ausgleich dieses Gegensatzes ist es – und vielleicht kann uns hier eine Diskussion der Formationslehre weiterhelfen –, daß die Menschen in Ost und West eine möglichst genaue Vorstellung davon entwikkeln, wodurch dieser Gegensatz bestimmt ist. Grundsätzlich gesehen ist ja der Widerspruch zwischen «Östlichem» und «Westlichem» nicht nur äußerlicher Natur. Nach Hegel hat jeder Mensch und jedes Ding seinen Osten und Westen «in sich». Die Aufhebung dieses Widerspruchs «in sich» ist in der Gegenwart dem Menschen aufgegeben.

Ich hoffe, vor diesem Hintergrund wird die Bedeutung verständlich, die ich in meinem Buch einer Analyse der formativen Struktur des Ost-West-Gegensatzes zumesse.

Eine andere Frage, die mir gestellt wurde, betrifft meine Mitgliedschaft in der SED. Mit der Staatspartei gehe ich ja ziemlich schonungslos ins Gericht, habe aber selber noch immer das Parteibuch in der Tasche. Wenn dieses Buch erscheint, werde ich ein Vierteljahrhundert Parteimit-

gliedschaft hinter mir haben. Fallen da nicht Wort und Tat bei mir auseinander? Ich selber habe mich immer wieder gefragt, ob ich meine Mitgliedschaft in der Staatspartei vor mir selber weiter rechtfertigen kann. Um verständlich zu machen, warum ich letzten Endes meine Mitgliedschaft bisher nicht aufgekündigt habe, will ich kurz erläutern, wie meine Entwicklung in der Partei verlaufen ist.

Ich sagte bereits, daß mir im Zusammenhang mit den Prager Ereignissen 1968 klar wurde, wie borniert mein Weltbild damals war. Damals bereitete ich mich an der Berliner Universität auf mein Examen vor. Die wirtschaftlichen Reformvorhaben, die in der ČSSR unter der Federführung Ota Siks versucht wurden, überzeugten mich nicht gerade, doch die dort geübte Form des politischen Diskurses begeisterte mich. Obwohl ich also nicht unbedingt zu den Anhängern der Prager Bewegung rechnete, bekam ich doch nach dem Einmarsch der Warschauer Paktstaaten in Prag im Zuge der innerparteilichen Auseinandersetzungen in der DDR hautnah zu spüren, wie unerwünscht jede eigene Meinungsäußerung war. Abgerechnet wurde nämlich damals, jedenfalls war es an der hauptstädtischen Alma mater so der Fall, nicht nur mit den Anhängern des Prager Reformkurses, sondern mit all denen, die sich überhaupt den Luxus selbständigen Denkens und Redens geleistet hatten. Wer niemals miterlebt hat, wie gestandene Hochschullehrer befohlene Selbstkritik übten, der kann sich schwerlich in die konkreten Zeitverhältnisse hineinversetzen.

Am Ende kam ich persönlich ziemlich glimpflich davon. Ich mußte ein für mich vorgesehenes Forschungsstudium abbrechen. Und man auferlegte mir gewissermaßen «zur Bewährung» die Bearbeitung eines neuen Themas für meine Diplomarbeit, da ich mit dem alten Thema – ich

hatte bereits über die «Verinnerlichung von Normen» geschrieben – angeblich den «Klassencharakter des Rechts» als Instrument politischer Machtausübung mißachtet hatte. Parteizensoren wollten entdeckt haben, daß ich bereits in einer Arbeit, die man mit dem Fichtepreis der Humboldt-Universität ausgezeichnet hatte, zu einer «Psychologisierung des Rechts» angestiftet hätte. Mit anderen Worten, mir wurde «revisionistisches Verhalten» in der Wissenschaftsarbeit vorgeworfen.

Nach dem Studium habe ich meinen Wehrdienst geleistet und bin kurze Zeit an der Akademie für Staats- und Rechtswissenschaften tätig gewesen, bevor ich 1973 meine Zulassung als Rechtsanwalt erhielt. Noch im selben Jahr wurde ich dann Parteisekretär eines Bezirkskollegiums der Rechtsanwälte. In dieser Funktion besuchte ich eine höhere Parteischule, ich wurde das, was man im Parteijargon einen «Nomenklaturkader» nennt. Obwohl ich für mich in Anspruch nehme, in meiner zehnjährigen Tätigkeit als Parteisekretär die gegebenen Freiräume genutzt zu haben, war ich dennoch wegen der vielen kleinen «faulen Kompromisse» unzufrieden. Als Reaktion auf meine persönlichen und beruflichen Erlebnisse mit dem Staatssozialismus brachte ich schließlich zu Papier, was ich wirklich dachte.

Meiner Ansicht nach ist dieses Buch, wie es nunmehr vorliegt, von größter Bedeutung für alle an einer Verbesserung des deutschen Staatssozialismus interessierten Kräfte. Das gilt natürlich zuerst für die Mitglieder meiner Partei selbst. Denn die Partei als eine große Gruppe von Menschen, aus der die Leiter in der sozialistischen Gesellschaft hervorgegangen sind und weiterhin rekrutiert werden, lebt in großen Teilen fort in jenen Anschauungen, die heute in fast allen Ländern des Sozialismus berechtigt in Zweifel gezogen werden; und sie will bis heute den Zusam-

menhang zwischen ihrer dogmatischen Weltanschauung und dem kulturellen Niedergang der sozialistischen Gesellschaft nicht sehen. Genau diesen Zusammenhang, der sich seinem Wesen nach im Staatssozialismus überall gleicht, will ich meinen Lesern exemplarisch vor Augen führen.

Mir ist selbstverständlich bewußt: Mit der Veröffentlichung meines Buches «Der vormundschaftliche Staat» begehe ich in den Augen meiner Parteioberen «Verrat am Sozialismus»! Lange Zeit, ich denke zu lange, hat mich die Aussicht auf diese Bewertung meines Tuns abgeschreckt. Und zwar nicht etwa, weil mir noch etwas am bürokratischen Sozialismus gelegen wäre – der ist sowieso heutzutage reformbedürftiger als je zuvor. Nein, mich hat die Verratsvorstellung an sich geschreckt, denn unbewußt wollte ich lieber mit der Macht und der Mehrheit sein.

Inzwischen bin ich mir jedoch sicher: Die Vormundschaft der Politbürokratie kann ohne Handlungen, welche den Machthabern als Verrat erscheinen müssen, gar nicht gebrochen werden. Anders gesagt: Wir müssen endlich das Menschenrecht auf freie Meinungsäußerung mit Leben erfüllen. Dieses Recht umfaßt aber das Recht (lt. Art. 19 der Allgemeinen Erklärung der Menschenrechte), Informationen und Ideen mit allen Verständigungsmitteln *ohne Rücksicht auf Grenzen zu suchen, zu empfangen und zu verbreiten.* Vielen Menschen bei uns wird solche Einsicht ebenso schwerfallen wie mir, denn Infomationen und Ideen ohne Rücksicht auf Grenzen zu verbreiten, das bedeutet aus der Sicht unserer Strafrechtspraxis nicht mehr und nicht weniger als das, was das Strafgesetzbuch als «nachrichtendienstliche Tätigkeit» umschreibt!

Wenn die Wahrnehmung des Rechts auf freie Meinungsäußerung besonders Parteimitgliedern häufig Schwierig-

keiten bereitet, dann nicht nur deshalb, weil die Partei in großen Teilen eingeschüchtert ist. Das ist nur die halbe Wahrheit. Die andere Hälfte der Wahrheit ist, daß bis heute viele Mitglieder der Partei meinen, mit dem Eintritt in die Reihen der Partei sei für sie die «Zeit des Sich-Entscheidens» endgültig vorbei. Fortan brauche man nur noch die einzelnen politischen Manöver der Partei mitzumachen. Nach dieser Geisteshaltung trägt «die Partei» die Last der Verantwortung! Eine so verstandene Parteidisziplin gehört überall zu den Grundfesten der vormundschaftlichen Gesellschaft.

Ich kann Menschen, die so denken, nicht verurteilen, weil ich inzwischen weiß, wie gerne wir Verantwortung auf andere übertragen. Ich behaupte aber, daß der einzelne, der moralisch leben will, seine gesamte politische Tätigkeit letztendlich nur von jenem Grunde seines Daseins her bestimmen kann, wo er der Wegweisung des «innerlichen Menschen» gewahr wird, wo die Stimme des Gewissens lauter klingt als der Ruf der Partei.

Zwischen der Parteilinie und dem Gewissen des einzelnen Mitglieds kann es immer wieder zu Divergenzen kommen. Das wird zuweilen dazu führen, daß Menschen ihre Mitgliedschaft beenden. Man kann aber auch den Kampf für die Wahrheit und die Gerechtigkeit, die man meint, innerhalb der Partei aufnehmen und auf diese Weise diejenige allgemeinmenschliche Front in der Partei stärken, die Martin Buber gewollt hat. Diese innere Front kann «– da sie, wenn überall aufrecht und stark, als eine heimliche Einheit quer durch alle Gruppen liefe – für die Zukunft unserer Welt wichtiger werden als alle Fronten, die heute zwischen Gruppe und Gruppe, Gruppenverband und Gruppenverband sich ziehen».

GESPRÄCH ZWISCHEN KURT MASUR
UND ROLF HENRICH AM 26. 10. 1989

MASUR   Rolf Henrich, Sie hier zu haben ist für mich
eine große Freude, eine große Ehre — und ich kann nur
damit beginnen, wie ich Sie kennengelernt habe — nämlich durch Ihr Buch ‹Der vormundschaftliche Staat›.
Wenn man sich so wie ich auch als staatlicher Leiter in
unserem Land laufend beschäftigen muß mit Problemen, die auftauchen, die täglich immer wiederkehren,
mit einer Bürokratie, die unerträglich geworden ist, mit
Problemen, die normalerweise gar keine sein sollten,
dann versucht man immer danach zu fragen: Warum
sind wir denn so geworden? Warum ist denn alles so
kompliziert geworden? Warum sind viele Ämter nicht
Ämter, die Genehmigungen erteilen, sondern solche,
die darüber nachdenken, warum sie keine erteilen?
Warum ist eine Agentur, zum Beispiel in unserem Bereich die Künstleragentur, über ganze Strecken hinweg
eine Verhinderungsagentur gewesen statt eines Mana-
gements, welches jungen Künstlern besonders im Aus-
land auf die Beine geholfen hat? — Das ist pauschal gesagt und trifft auch nicht auf alle Mitarbeiter zu. Aber es
traf immer mehr zu besonders auf die Institutionen, wo
man das Gefühl hatte, die Menschen fühlten sich überfordert. Ich sage bewußt: *fühlten* sich überfordert. Ich
glaube, daß im Kapitalismus zum Teil *viel* mehr, *viel* in-
tensiver gearbeitet werden muß. Und man fragte dann
immer nach den Ursachen: Warum sind wir *so* schnell
bei der Hand, uns selbst zu bedauern, daß wir ach so
furchtbar viel zu arbeiten haben? Warum sind wir so
schnell dabei, unsere *Kinder* zu bedauern, daß diese Ar-
men so viel lernen müssen oder auch *so* ihre Zeit ausfül-
len müssen, statt zu sagen: Großartig! Die können viel
lernen, die haben *viel* Möglichkeiten, *viel* Aktivitäten,
sie haben Freude daran.

Und da muß ich sagen, als ich begann, Ihr Buch zu lesen, war ich einfach schon fasziniert von dem Titel ‹Der vormundschaftliche Staat›, weil ich in dem Augenblick, als ich zu lesen begann, spürte — allein durch Ihr Vorwort —, daß da jemand zu mir spricht, der nicht ein Buch geschrieben hat, um damit Geld zu verdienen, sondern der es so formuliert hat: Ich *mußte* dieses Buch schreiben, obwohl ich weiß, daß die daraus entstehenden Konsequenzen mein Leben sehr schwierig machen könnten.

Wie würden Sie das sehen? Haben Sie das Buch mit der Absicht geschrieben, um vielen Menschen, die Fragen stellen, zu antworten?

HENRICH Ja also, Sie sprechen mir jetzt so recht aus dem Herzen. Sie verwiesen zu Anfang auf die Ämter, auf das Verhalten der Ämter bei uns. Und ich denke, das war auch so ein bißchen der Ausgangspunkt, warum ich das Buch geschrieben habe. Ich denke, das ist ein vormundschaftlicher Geist, der im Moment unsere ganze Gesellschaft durchwaltet und der vormundschaftliche Verhältnisse entstehen läßt; also Verhältnisse, wo immer ein anderer besser weiß als ich selber, was gut für mich ist. Das können Sie verfolgen in der Wirtschaft. Dort ist fast jede wirtschaftliche Initiative am Ende gelähmt worden. Sie können das verfolgen im Bereich des Kultur- und Geisteslebens bis hinein in die Schule, und bis hinein in die Lehrinhalte wird dem Lehrer alles vorgeschrieben. Nach meiner Auffassung hat sich zum Schluß der Ära Honecker dieses vormundschaftliche System wie eine riesige Apathiemaschine bis in die letzten Verästelungen der Gesellschaft hinein ausgewirkt. Das bedeutet: Die Lösung des Problems kann vom Ansatz her nur *die* sein, Freiräume zu schaffen, wirkliche Freiräume für Initiativen in allen Bereichen, sowohl im Kultur- und Geistesleben als auch im Wirtschaftsleben. Das, denke ich, ist vom Ansatz her meine Auffassung zu der Problemlage, in der wir gegenwärtig stecken; und auch aus dieser Intention heraus habe ich das Buch schließlich verfaßt.

MASUR Man hat Ihnen, natürlich auch als einem Mit-
begründer des ‹Neuen Forum›, den Vorwurf gemacht,
daß Sie das Wort ‹Sozialismus› nicht erwähnt haben. Ich
habe nun gerade in den Diskussionen, die wir in den
letzten Tagen geführt haben, immer wieder gehört – sowohl von Mitgliedern des ‹Neuen Forum› als auch von
Anhängern oder von denen, die diese Thesen interes-
sant finden –, daß sie gesagt haben: Natürlich sind wir
nicht gegen den Sozialismus, wir *wollen* den Sozialismus.

Wie stehen Sie dazu? Von welcher Position kommen
Sie, Sie waren ja Mitglied der SED, sogar Parteisekretär?

HENRICH Es trifft zu. Wir haben in dem Gründungs-
aufruf das Wort ‹Sozialismus› nicht verwandt. Aber man
muß zunächst einmal sagen, daraus nun allein abzulei-
ten, wir seien gegen den Sozialismus, halte ich schon
von der Logik her für verfehlt: Einen überstrapazierten
Begriff einsparen heißt nicht, ihn über Bord werfen.
Und realiter: Wir sahen uns angehalten, auch Menschen anzusprechen, die vielleicht schon auf gepackten
Koffern saßen. Wenn wir den Begriff ‹Sozialismus› nicht
gebraucht haben, dann also deshalb, weil wir einen
möglichst breiten Konsens herstellen wollten. Gleich-
wohl – das kann ich Ihnen deutlich sagen, ohne jede
Einschränkung – ich kenne keinen im ‹Forum›, der den
Sozialismus in Frage stellt. Allerdings, alle meine
Freunde und Freundinnen wollen wieder sehr nüchtern
und konkret zu bestimmen versuchen, welchen Sozialismus einer meint, wenn er das Wort im Munde führt.
Das, denke ich, ist legitim. Ich meine, wir sind in der gegenwärtigen Situation alle verpflichtet, uns neu zu fragen, was wir denn mit Sozialismus im einzelnen verbin-
den. Für mich – ich sage, was *ich* damit verbinde –
bedeutet dies zunächst, daß ich die sozialistische
Grundlage, die sozialistische Basis anerkenne, also das
sozialistische Eigentum an den entscheidenden Produktionsmitteln. Aber auch hier gleich ein Zusatz: Ich bin

natürlich der Meinung, daß die überzogene Vereinheitlichung und totale Zentralisierung in diesem Bereich durch eine Differenzierung aufgelockert werden müssen. Die Eigentumsform muß dynamisiert werden, und zwar in jeder Hinsicht, damit die wirtschaftliche Effizienz unserer Betriebe gesteigert wird. Die Betriebe müssen weitgehend verselbständigt werden, damit Verantwortung wieder mit dem Betriebs*ergebnis* in Zusammenhang gebracht wird. So möchte ich doch im einzelnen diesen Begriff genauer bezeichnet wissen. Ich stelle mir unter Sozialismus auf jeden Fall einen freiheitlichen Sozialismus vor, einen demokratischen Sozialismus. Und ich denke: Wenn wir den nicht schaffen hier in der Mitte Europas, dann haben wir auch langfristig keine Chance.

MASUR Mich hat sehr bewegt diese Aufeinanderfolge von Publikationen bei einer gewissen Kampagne gegen Sie persönlich, gegen Ihr Buch, damit auch gegen das ‹Neue Forum›. Und nach meiner Kenntnis Ihrer Person, Kenntnis insofern, als ich jetzt versuche, dem Autor eines Buches, welches ich weder zynisch noch herabwürdigend in irgendeiner Weise empfand, dem Autor des Buches so nahe zu kommen, kann ich sagen: Er scheint mir in seinem Anliegen aufrichtig zu sein genau wie die jungen Vertreter des ‹Neuen Forum›, mit denen ich ins Gespräch kam. Sie alle haben den Mut, offen ihre Meinung zu sagen, sie sind auch in unserer letzten Diskussion am Sonntag aktiv, gut vorbereitet und sehr wissend aufgetreten. Ich habe ihnen lediglich einmal den Vorwurf gemacht: Jetzt fangt ihr auch schon an zu belehren – und das fand ich gar nicht im Sinne Rolf Henrichs –, aber sie haben's weggesteckt, und sie haben's, glaube ich, auch eingesehen.

Die Kampagne gegen Sie war für mich zum Höhepunkt gekommen, als ich dann durch die ‹Junge Welt›, deren Bemühen um einen neuen Kontakt zu den Lesern ich sonst sehr gut fand, einen Artikel von Frau Karin Retzlaff las, der sich gegen Sie richtete, in der Hauptsa-

che gegen Ihr Buch, das heißt gegen ein Buch, welches bei uns nicht veröffentlicht ist, welches die Leser der ‹Jungen Welt› also‛ überhaupt nicht kennen können. Und worin durch ein paar Zitate, durch ein paar vorgefaßte Meinungen, die für sich genommen schlüssig erscheinen, versucht wurde, den Autor dieses Buches zu einer Unperson zu machen. So jemandem wäre eigentlich nur noch übriggeblieben, den Ausreiseantrag zu stellen, denn er hat seine Lizenz als Rechtsanwalt verloren. Doch warum sollten wir einen Mann verlieren, dessen *Qualitäten*, dessen Wissen in meinen Augen so hoch stehen, daß ich der Meinung bin, man kann so etwas nicht unwidersprochen hinnehmen. Und Christa Wolf hat genau zu dem richtigen Zeitpunkt einen Brief geschrieben, der dann fairerweise auch in der ‹Jungen Welt› veröffentlicht wurde. Der Angriff muß den Betroffenen sehr getroffen haben.

HENRICH   Ja, getroffen hat mich tatsächlich ein gewisses Moment des Angriffs, und zwar dasjenige, in welchem Frau Retzlaff versucht hat, mich als einen Menschen darzustellen, der etwas — wie sie geschrieben hat — gegen östliche Völker hat. Hier fühle ich mich nicht nur mißverstanden. Da, denke ich, bin ich *absichtlich* mißverstanden worden. Denn jeder, der das Buch liest, *weiß*, daß ich den marxistischen Begriff der asiatischen Produktionsweise — man kann auch sagen, der tributären Produktionsweise — benutze, dies ist legitim und in der marxistischen Diskussion durchaus üblich, und daraus, aus der Art und Weise, wie ich diesen Begriff benutzt habe, den Schluß zu ziehen, ich sei gegen östliche Völker innerlich eingestellt, also dies, denke ich, war dann eine schlimme Unterstellung. Man wollte ja auch weniger mich treffen, man wollte mit mir ja eigentlich das ‹Neue Forum› treffen, und das sagt ja Frau Retzlaff auch im letzten Satz. Aber ich muß deutlich sagen: Ich denke, Frau Retzlaff hat da noch eine Kampagne mitgemacht, die vorher schon gelaufen ist. Man unterschied ja auch vorher schon zwischen denen, die ihre wahren

Absichten zeigen, und den Irregeleiteten, die man wieder in die Herde zurücktreiben muß. Das ist eine alte Taktik: ‹divide et impera› sagte man früher – teile und herrsche –, und diese Taktik wurde natürlich hier ebenfalls angewandt. Aber ich denke, die Mitglieder des ‹Neuen Forum› sind reif genug, einen solchen Angriff zu durchschauen. Und ich persönlich muß auch sagen, daß ich gegenüber Frau Retzlaff keine persönlichen Antipathien habe; ich kenne diese Frau gar nicht, ich denke, sie hat sich da auch zu einem Werkzeug machen lassen. Das muß sie selber so vor ihrem eigenen Gewissen verantworten, was sie da gemacht hat.

Es gab ja sogar noch einen lustigen Aspekt: Man hat mich mit Adalbert Stifter verglichen. Also ich frag mich, ob das nun heute schon negativ ist, wie Adalbert Stifter zu schreiben, denn da hat sie mich mit einem Großen der deutschen Literatur verglichen, was mir sicherlich nicht gebührt. Dieses Format habe ich durchaus nicht beansprucht, aber ich will hier Adalbert Stifter durchaus in Schutz nehmen vor Frau Retzlaff.

MASUR Nun ja, ich kannte weder Sie, Herr Henrich, noch Frau Retzlaff. Ich bin eigentlich zu dieser Frage nur gekommen, weil ich Ihr Buch kannte und einer der wenigen war, die nun vergleichen konnten – die Darstellung des Buches durch Frau Retzlaff und meine Kenntnis des Buches. Ich muß auch sagen: Ich war sehr, sehr überrascht, weil ich nun ein ausgesprochener Freund der sogenannten östlichen Völker bin. Meine besten Freunde sitzen in Moskau, meine besten privaten Verbindungen habe ich in Moskau, Leningrad; und durch meine Frau habe ich natürlich Verbindung zu Japan. Ich kann mir nichts Faszinierenderes vorstellen als diese Entwicklung in diesen Ländern, in denen heute noch der Abglanz einer alten Kultur sich zeigt, bei der man sagen muß, die ganze Kraft dieser Völker steckt heute noch drin. Und wenn man durch Moskau geht – allein die Vielzahl der Gesichter zu sehen in dieser Stadt bereitet schon Freude; das sind Charaktere, das sind

ausgeprägte Charaktere … Und ich habe in Ihrem Buch, das Derartiges etwa herabsetzen sollte, überhaupt nichts gefunden. Deswegen war ich auch überrascht über diesen Aspekt.

Eine persönliche Frage würde ich gern noch stellen.

HENRICH Erlauben Sie noch ein Wort zu dem, was Sie jetzt gesagt haben. Ich denke, uns steht ja die Begegnung mit der östlichen Kultur in vieler Hinsicht noch bevor. Also, Sie nannten gerade Japan – der Zen-Buddhismus – ich denke, davon können wir tatsächlich eine ganze Menge lernen. Und es wäre durchaus gut, wenn derartig tiefgründige und humane Elemente in unsere Kultur übernommen werden könnten. Es kann also überhaupt keine Rede davon sein, daß ich da irgendwelche Sperren habe. Im Gegenteil: Ich hab mich ganz bescheiden bemüht – und wer da genauer hingeguckt hat, wird das bestimmt auch sehen – das eine oder andere aus dem Buddhismus zu übernehmen. Vielleicht haben Sie gesehen – ich zitiere einmal die ‹vier vortrefflichen Weisheiten›, auf die beziehe ich mich an einer Stelle. Oder es gibt so einige Punkte, wo ich mich bemüht habe, ganz vorsichtig, den einen oder anderen Gedanken aus der buddhistischen Kultur mit in unsere Kultur zu übersetzen. Ob das gelungen ist, mag ja dahingestellt bleiben. Aber innerlich hier eine Aversion gegen den Osten bei mir zu unterstellen, erscheint mir ein bißchen absurd.

MASUR Ich habe eigentlich beim Lesen des Buches eher assoziiert – wenn Sie den Begriff *Seele* und den Begriff *Liebe* einfließen lassen –, daß das bei Ihnen auch aus dem Bereich kommt. Denn wer hat es verloren, wenn nicht wir in der westlichen, inzwischen so zivilisierten und technisch perfektionierten Welt, die sich gar nicht mehr die Zeit zur Besinnung nimmt. Buddhismus ist ja eigentlich ein Befassen mit der eigenen Seele, und wenn man so will, dann die Fähigkeit, glücklich zu sein, unabhängig von den äußeren Bedingungen. Das

ist für mich auch einer der Punkte, warum ich Ihr Buch sehr liebe, es hat mich getroffen. Es hat mich bewußt werden lassen, daß wir darüber zuwenig nachdenken und vielleicht immer nur dann darüber nachdenken, wenn wir auf einen Menschen treffen, zu dem wir eben jene Liebe empfinden, und feststellen, daß wir noch eine Seele haben. – Nur im Alltag haben wir es vergessen. Ja?

HENRICH Aber gerade da muß es wieder kommen. Also die menschlichen Begegnungen, meine ich, müssen wieder andere werden. Und wenn wir eine Chance haben wollen gegenüber der kapitalistischen Zivilisation, dann, denke ich, liegt sie genau in diesem Punkt. Daß es uns vielleicht gelingen kann, auf dieser anderen wirtschaftlichen Grundlage tatsächlich eine *menschengemäßere* kulturelle Situation herzustellen, einen menschengemäßen kulturellen Überbau zu schaffen.

MASUR Sie bringen mich auch auf einen Gedanken, der in vielen Diskussionen immer mal zum Ausdruck kam. Es geht doch gar nicht darum, daß unsere Wirtschaft nun unbedingt besser sein müsse. Wir haben gut zu essen; wir essen sogar, wenn wir ins Restaurant gehen, in snobistischer Weise, ja, unter Bedingungen, die man nicht in allen Ländern der Welt findet. Und jeder von uns kann sich das leisten. Wir haben ja auf anderen Gebieten Mangelerscheinungen – das ist im technischen Bereich oder beim Auto und vielem anderen so. Das sind doch, sagen wir mal, Dinge, die viele von uns im täglichen Leben auch brauchen, die nicht nur Luxus bedeuten. Aber wenn wir darüber diskutiert haben in der Vergangenheit, hieß es doch immer, was haben die Menschen nur, es geht uns doch gut! Natürlich geht's uns gut (HENRICH: materiell) ... materiell. Das ist, glaube ich, die Frage, die jetzt die Gemüter – ob bewußt oder unbewußt – am meisten bewegt. Warum haben wir in unserem Zusammenleben inzwischen eine Qualität in der Kommunikation verloren gehabt, dafür

einen Mangel eingehandelt, den wir am Anfang gar nicht so sehen konnten, weil er im Prinzip mal unsere Stärke war. Begegnungen mit Menschen aus westlichen Ländern, die protzten mit ihrem neuesten Auto, um damit zur Schau zu tragen, wie gut es ihnen geht, haben uns früher kaum berührt, weil wir gesagt haben: Mir ist es lieber, unter Gleichen zu leben, mich wohl zu fühlen mit Menschen, die zum Beispiel auch vor mir als Künstler keinen falschen Respekt haben. Ich bin stolz darauf, daß jeder Arbeiter, wenn er mich kennt, mich auf der Straße anspricht und mich fragt: ‹Warum machen Sie denn das?› oder ‹Wie geht's Ihnen – ich hab gerade gelesen, Sie waren neulich auf der Reise? ...› oder so ... Einfach normale Gespräche zu führen miteinander und *nicht* sich abzukapseln in Gewinnsucht, in dem Erfolgserlebnis, ich habe mir etwas Neues, etwas Wichtiges geschaffen an materiellen Gütern ... Ich glaube, dazu müssen wir auch wieder kommen, daß wir wissen, es ist unsere Stärke, die Stärke des gemeinsamen Denkens, die Stärke des gemeinsamen Wollens.

HENRICH   Das sehe ich so wie Sie. Also ich denke, die *innere* Kultur müssen wir anreichern, denn da können wir maßlos sein, ohne jede Frage, was die *innere* Kultur eines jeden Menschen angeht. Und das wird sich dann vermutlich auch übertragen in die mitmenschliche Beziehung. Dann kommt es gewiß wieder zu dem, was Sie jetzt gesagt haben von der Begegnung von Mensch zu Mensch, wo auch noch ein ganz klein bißchen das Herz mit eine Rolle spielt. Der Mensch vom Herzen her spricht. Das, denke ich, ist ein Wert, den wir verloren haben, den wir aber unbedingt wiedergewinnen müssen. Und ich meine, dies *kann* auf einer sozialistischen Grundlage innerhalb des produktiven Bereiches wahrscheinlich leichter gelingen als in anderen Gesellschaftsformationen. Das ist ja auch die Chance, die nach meiner Auffassung unsere Gesellschaft hat, wo es vielleicht gelingt, unsere kollektive Identität in dieser Weise zu begründen, und daß wir uns dann sozusagen

auf eine *organische* Weise, ohne daß wir uns abgrenzen müssen, auch von anderen Staatsbürgerkollektiven qualitativ unterscheiden, eben auf organisch gewachsene Weise und nicht, daß wir dabei zwanghaft irgendwelche Abgrenzungen treffen müssen, die wir dann am Ende nicht durchstehen können. Denn ich denke, in der Perspektive kann es doch nicht um Abgrenzung gehen, sondern da muß einer den anderen mit seinem inneren Reichtum überzeugen: in der menschlichen Begegnung und darüber hinaus in der Begegnung zwischen den Völkern.

MASUR   Sehen Sie den Dialog – das ist inzwischen nun auch wieder ein abgegriffenes Wort – sehen Sie den Dialog als den richtigen Weg im Augenblick?

HENRICH   Also der gesamtgesellschaftliche Diskurs muß zunächst in Gang kommen. Aber … ich will partout nicht kneifen, zumal ich hier in Leipzig sitze … ich möchte auch ein Wort zu den Demonstrationen sagen. Ich denke, ihr probt – ich sag's jetzt mal so 'n bißchen plakativ – der DDR-Bürger probt, um ein Wort von Bloch zu verwenden, ‹den aufrechten Gang›. In den Demonstrationen im Moment geht es gar nicht, jedenfalls bis auf ganz, ganz wenige Ausnahmen, um Randale oder ähnliches. Hier geht es darum, daß Menschen versuchen, den aufrechten Gang zu üben und ihre eigene Würde wiederzufinden. Das vor allem motiviert jetzt die Menschen. Und nicht irgendwelche materiellen Verbesserungen, die sie meinen kurzfristig erreichen zu können. Denn es ist ja wohl überraschend, daß an Forderungen kaum solche materieller Art gestellt werden. Es sind Rechtsforderungen, Bürger- und Menschenrechte werden eingeklagt, und man liest kaum irgendwann mal eine Losung, die auf eine Verbesserung des materiellen Lebensstandards abzielt. Das soll man mal ganz genau betrachten, weil es zeigt, welche Reife diese Bewegung hat … daß es also, wie gesagt, nicht um die Fleischtöpfe geht im Moment, um die da gestritten wird, sondern

nach meiner Auffassung um so etwas wie die menschliche Würde, die die Menschen da verfechten. Und insbesondere in Leipzig, denke ich. Sieht und erlebt man die großen Demonstrationen hier, also wie diszipliniert und reif die ablaufen, ohne daß die Menschen das gelernt haben, so ist das einfach faszinierend, wenn man das auch von außerhalb der Stadt betrachtet.

MASUR Ich muß Ihnen sagen, am letzten Montag war ich dabei. Ich hatte unseren wunderbaren Maler Tübke bei mir, und wir haben auf die Menschen geschaut. Wir waren beide wirklich fasziniert. Fasziniert davon, daß es da wirklich nur um ideelle Werte ging, und fasziniert davon, mit welcher Disziplin ... gewiß unter Parolen mit verschiedenem Niveau ... das versteht sich ... das ist immer so ..., die Massendemonstration vor sich ging, aber doch immer so gemeint: Wir wollen hierbleiben zuerst, wir wollen unser Leben glücklicher machen, wir wollen dazu beitragen, daß es für unsere Kinder eine so hoffnungsfrohe Zukunft gibt, daß wir sagen können, wir bleiben mit Überzeugung hier. Man möchte sein Land lieben, und man möchte stolz sein auf das Land, in dem man lebt. Das ist, glaube ich, der Grundtenor. Und über den politischen Weg dahin bestehen sicherlich unterschiedliche Meinungen und Vorstellungen der Menschen ... aber dazu kann sich ja jeder äußern. Wir haben mit unseren Gesprächen jetzt jeden Sonntag für alle Leipziger Bürger die Möglichkeit geschaffen, zu speziellen Themen auch Menschen zu hören, die davon etwas verstehen und mit denen man auch über die Details reden kann.

HENRICH Das sehe ich so wie Sie. Es muß den gesamtgesellschaftlichen Diskurs geben, der ist also einfach zunächst einmal wichtig. Ich war wirklich erfreut, als ich gelesen habe, daß die Dialoge auf dem Karl-Marx-Platz bei Ihnen stattfinden. Und wie sie stattfinden, das nenne ich eine ganz großartige Sache. Dieser gesamtgesellschaftliche Diskurs muß fortgesetzt werden, und es

müssen dann auch die Ergebnisse dieses Diskurses in konkrete politische Schritte umgesetzt werden. Wichtig ist *mir* dabei, daß die gegenwärtige Aufbruchstimmung nicht verspielt wird. Ich halte es im Moment für erforderlich, daß sehr schnell einige politische Zeichen gesetzt werden, die die verlorene Glaubwürdigkeit wieder wachsen lassen. Ich könnte mir da auch einiges vorstellen. Um es deutlich zu sagen – ein neues Wahlgesetz; das kostet mich letztendlich kaum einen Pfennig. Das kann man sehr schnell zu Papier bringen, man kann es auch sehr konzentriert in der Bevölkerung diskutieren, und man kann es dann auch sehr zügig verabschieden, so daß wir für die nächste Wahl dann schon ein neues Wahlgesetz haben, welches vom Konsens der Bevölkerung wirklich getragen wird. Oder nehmen Sie als weiteres Beispiel: Sie können sehr schnell auch das politische Strafrecht ändern. Es wird ja im Moment auch nicht angewandt, das muß man doch mal sagen; man würde da gar nichts verschenken, als wenn wir statt dessen sozusagen ‹die Siebenschwänzige› von der Wand nehmen. Und warum soll man's dann nicht überarbeiten und wirklich so fassen, daß man damit oppositionelles Verhalten nicht mehr treffen kann.

MASUR   Ich glaube, daß wir hier durch die Leipziger Ereignisse ganz besonders hinzugelernt haben – und zwar beide Seiten haben gelernt. Auch unsere Polizeikräfte, unsere Sicherheitskräfte haben gelernt, daß der Versuch, einander zu verstehen und sich erst einmal begreiflich zu machen, daß man demselben Volk angehört, daß man nicht gegeneinander kämpfen will, sondern einfach nur Gelegenheit haben muß, sich gegenseitig zu verständigen, auch seine Meinung zu sagen, auch gegenteilige Meinungen zu äußern ..., daß das nichts Strafbares sein kann. Und wenn wir das begriffen haben, und das haben eigentlich beide Seiten im Prinzip schon begriffen, dann ist das schon ein Ausgangspunkt.

Rolf Henrich, Sie sind ja kein Schriftsteller, der schon über ein ansehnliches Œuvre verfügt. Ist das das erste Buch oder eins der ersten Bücher, das Sie geschrieben haben? (HENRICH: Ja. Es ist das erste.) Es ist das erste? (HENRICH: Ja, das ist richtig.) Fühlen Sie sich jetzt als Schriftsteller oder als, sagen wir mal, als jemand, der versucht, auch in anderer Richtung seine Gedanken zu formulieren, angeregt durch das Buch. Hat Ihnen das Schreiben, und damit die schöpferische Arbeit, so viel Freude bereitet, daß Sie das Gefühl haben, Sie könnten das auch in anderen Bereichen machen?

HENRICH   Also, ich denke, ich bin zunächst erst einmal Rechtsanwalt, und das war ich mit Leib und Seele, solange ich diesen Beruf ausüben konnte, der ja auch viele schöpferische Seiten hat. Aber nachdem ich das Buch jetzt geschrieben habe, habe ich natürlich auch – wenn Sie so wollen – Freude daran gefunden und will auch ein nächstes schreiben, sobald ich wieder etwas mehr Zeit habe. Im Moment ist die Zeit sehr knapp auf Grund der Ereignisse. Und man kann's auch so in andere Bereiche, denke ich, gut übersetzen.

MASUR   Es ist ja bekannt, daß Sie Ihre Lizenz als Rechtsanwalt verloren haben durch dieses Buch oder – wie Sie vorhin schon sagten – durch den Titel dieses Buches: ‹Der vormundschaftliche Staat›. Wovon leben Sie jetzt?

HENRICH   Ja, wovon lebe ich im Moment? – Ich lebe ein wenig auf Kosten meiner Frau. Meine Frau arbeitet ja, und ich lebe auf Kosten meiner Frau.

MASUR   Wenn ich an den Artikel in der ‹Jungen Welt› denke – dort wird also gesagt, daß die Genossen sich von Ihnen getrennt haben – Sie waren Parteisekretär, Sie waren Mitglied der SED über lange Zeiträume … Gibt es für Sie in Ihrer Umgebung jetzt Erscheinungen, daß man Sie lieber hat als zuvor?

HENRICH   Ja. – Es ist soviel Zuwendung, die ich seitdem bekommen habe, von unterschiedlichen Menschen – das habe ich in meinem Leben nie erwartet, daß ich das einmal bekommen würde ... Das beginnt bei den Frauen an der Tankstelle (MASUR: Hm.), die mich nach dem Erscheinen des Buches umarmt haben, und geht bis hin zu einer bis heute nicht abreißenden Post.

MASUR   In der Sowjetunion hat man Solschenizyn über Jahrzehnte im illegalen Druck lesen müssen. Wie haben Ihre Tankstellenfrauen das Buch bekommen?

HENRICH   Das kann ich nicht beantworten. Ich weiß ja nicht, ob die das Buch überhaupt hatten. Sie haben mich nur daraufhin angesprochen. Ob die das haben, weiß ich nicht. Also, wie das hier 'rein kommt, na gut, man muß da nicht lange spekulieren. Es reisen ja sehr viele hin und her, und es wird wahrscheinlich so auch von dem einen und anderen mit ins Land hereingebracht und geht von Hand zu Hand.

MASUR   Was man verbietet, was verboten ist, das macht uns ... nein, genauer: ‹Keiner tut gern, was er tun darf, was verboten ist, das macht uns gerade scharf›, lautet eine Liedzeile bei Wolf Biermann.
    Wie sieht es aber nun aus, Sie haben doch viele Freunde unter den Genossen gehabt? (HENRICH: Nach wie vor.) Die haben Sie also noch, die Genossen aus Ihrem persönlichen Freundeskreis, und die haben sich nicht von Ihnen getrennt?

HENRICH   Also, ich habe nach wie vor diese Freunde. Zum Beispiel betreute ich während meiner Tätigkeit als Anwalt eine Vielzahl von Betrieben mittlerer Größenordnung, und diese Betriebsleiter waren in der überwiegenden Mehrheit Genossen. Zu denen habe ich nach wie vor ein gutes Verhältnis, da finden auch Begegnungen statt. Ich habe doch überhaupt nichts gegen Genossen,

und ich denke, daß so die Mehrheit der Mitglieder der Partei überhaupt nichts gegen mich einzuwenden hat.

MASUR Wie erklären Sie sich dann diesen Beschluß, Sie auszuschließen? Warum hat man Sie nicht behalten als einen streitbaren, klugen, gebildeten und politisch sehr originell denkenden Mann?

HENRICH Die Zeiten waren damals andere. Ob man dasselbe heute noch einmal tun würde, da habe ich inzwischen so meine Zweifel. (MASUR: Wir sind also vorangekommen?) ... Wir sind ein Stück vorangekommen. Man kann sich sicherlich jetzt über die Wegstrecke streiten, die wir hinter uns gebracht haben. Aber daß wir ein Stück vorangekommen sind, das ist – denke ich – völlig klar. Es haben in größerem Umfang Lernprozesse stattgefunden in unserer Gesellschaft. Nicht nur auf Seiten der Demonstranten, also auch der Demonstranten im Geiste und auf der Straße, sondern auch auf der anderen Seite haben Lernprozesse stattgefunden, das steht für mich jedenfalls fest.

MASUR Es fällt mir überhaupt schwer, von ‹beiden Seiten› zu sprechen, weil ich eigentlich in unserem Beruf immer versuche, für *alle* da zu sein. Ich habe zum Beispiel mit einigen Mitarbeitern der Polizei ein sehr gutes Verhältnis. Ich versuche auch immer, mit Menschen in Uniform so umzugehen, als könnten sie meine Freunde sein. Und vielleicht sollten wir uns das auch wieder langsam angewöhnen, daß die Konfrontation nicht mehr stattfindet im alten Sinne des Wortes. Vielleicht sollte man sich überlegen, daß – wie ich mir vorstellen kann – selbst ein Mitarbeiter der Staatssicherheit zu uns gehören kann, ein Mitarbeiter, der nicht verhärtet ist, sondern der ja auch Familie hat, der Kinder hat, und vielleicht in ideeller Weise sagt, ich fühle mich dazu berufen zu helfen, daß dieser Staat vor Unglück oder vor irgendwelchen heimtückischen Angriffen geschützt wird, und sehe das als meinen Beruf und meine Lebens-

aufgabe an. Das ist ja etwas, was positiv zu bewerten ist, und ich glaube, daß man mit solchen Menschen auch Freund sein könnte.

HENRICH   Wenn ich gesagt habe, ‹beide Seiten›, dann meinte ich damit nicht Gegensätze ... Gegensätzlichkeit. Ich gehe dann sogar so weit, daß ich sage: Ich habe beide Seiten auch selber in mir. Also ich muß den anderen annehmen, und ich selber will ja auch angenommen werden; da beziehe ich selbstverständlich die Mitarbeiter der Polizei mit ein, das ist für mich selbst ganz wichtig, daß wir sozusagen aus der rigorosen Konfrontation herauskommen, wir müssen da eindeutig aufeinander zugehen. Und da ist perspektivisch ohnehin zu guter Letzt Versöhnung angesagt.

MASUR   Hielten Sie es für denkbar, daß innerhalb der SED, wenn sie solche Genossen wie Sie behalten hätte, eine natürliche ... na, wie würden Sie's nennen ... wir haben drüber gesprochen ... eine parlamentarische Ordnung befürwortet wird, eine Gegenpartei ... oder, na ja, eine Opposition ... nennen wir's einfach Opposition, sogar innerhalb der SED existieren könnte, die natürlich durch verschiedenartige Meinungen über dasselbe Objekt, über dieselben Ziele, aber auf anderen Wegen zu etablieren wäre ... daß sich so etwas herausbilden könnte?

HENRICH   Nun, ich denke, die SED hat viel verschenkt. Sie hätte den Rahmen eindeutig weiterfassen können. Und da möchte ich mal so an den in Unehren gegangenen János Kádár erinnern, der einmal gesagt hat: Weil es in Ungarn keine Opposition gegeben hat, mußte die ungarische Partei die Rolle der Opposition selber mit übernehmen. Also, wenn man keine hat, muß man diese Rolle selber notgedrungen mitspielen. Das setzt aber voraus, daß man sozusagen den *Rahmen* für kontroverse Dialoge viel weiter absteckt, als wenn man daneben ein konkurrierendes Parteienspektrum hat. Inwie-

weit das möglich gewesen ist, kann ich nicht genau
sagen. Aber auf jeden Fall hätte man eindeutig toleran-
ter sein können. Also man hätte ... nehmen Sie die vielen Schriftsteller, die nach der Ausbürgerung von Biermann gegangen sind, das waren ja zum Teil Genossen,
die da gegangen sind ... man hätte die Rahmenbedin-
gungen eindeutig erweitern müssen, um möglichst viel
schöpferisches Potential in den eigenen Reihen zu haben. Aber da ist heute, wie gesagt, eine andere Situation, wir müssen mit der heutigen Situation nun auch
fertig werden, nicht wahr.

MASUR   Also, es könnte sein, daß Sie jetzt praktisch als
Schriftsteller weiterleben?

HENRICH   Ja, zunächst muß ich das ja wohl. Was anderes bleibt mir nicht übrig.

MASUR   Dann wären Sie Künstler und nach Ihrer vor-
hergehenden Darstellung damit doch eigentlich jemand, der im politischen Bereich doch einen weit größeren Radius hat?!

HENRICH   Ja, gewiß. Dennoch möchte ich gern wieder
einmal als Anwalt tätig sein, denn das ist meine eigentliche Profession, und das eine schließt ja das andere
nicht aus. Also, anwaltliche Tätigkeit hindert mich nicht
daran, gleichzeitig auch mal ein kleines Büchlein zu
schreiben, das haben ja andere Anwälte auch schon gemacht in der Vergangenheit.

MASUR   Ich muß Ihnen sagen, ich bin von dieser Begegnung sehr berührt. Ich danke Ihnen, daß Sie hier
sind. Es war ein weiter Weg. Und ich danke besonders
dafür, daß wir vielleicht mit dem heutigen Gespräch
auch ein weiteres Gespräch oder weitere Gespräche in
die Wege leiten könnten, die verhindern, daß wir einen
Mann wie Sie auch noch verlieren.

HENRICH   Ich danke Ihnen auch für die Einladung, Herr Professor. Es hat mir Spaß gemacht, mich mit Ihnen zu unterhalten.

Vertrieb nur in der DDR und in den sozialistischen
Ländern gestattet.

ISBN 3-378-00417-7

Erste Auflage
Lizenz Nr. 396/265   LSV 0270
Gesamtherstellung: Grafischer Großbetrieb
Völkerfreundschaft Dresden
Umschlaggestaltung: Peter Mauksch
Printed in the German Democratic Republic
Bestell-Nr. 812 389 4
00700